2019

国内外能源与电力发展状况分析报告

国网能源研究院有限公司　编著

中国电力出版社
CHINA ELECTRIC POWER PRESS

内 容 提 要

《国内外能源与电力发展状况分析报告》是能源与电力分析年度报告系列之一。本报告主要对2018年世界能源与电力发展总体情况及特点进行研究和总结，对中长期世界能源与电力的发展趋势进行展望，为关注能源行业发展的领导、专家、科技人员、能源行业从业人员及其他读者提供借鉴和参考。

本报告在广泛收集整理世界主要能源相关统计机构统计信息与研究成果的基础上，对2018年世界能源与电力发展宏观环境进行了全面分析，系统梳理了世界能源与电力发展的最新动态，对世界能源与电力生产、贸易、消费、投资、能源环境等特点进行了归纳总结，对中长期世界能源与电力的发展趋势进行了展望。

本报告适合能源电力行业从业者、国家相关政策制定者及科研工作者参考使用。

图书在版编目（CIP）数据

国内外能源与电力发展状况分析报告．2019/国网能源研究院有限公司编著．—北京：中国电力出版社，2019.11

（能源与电力分析年度报告系列）

ISBN 978-7-5198-4049-5

Ⅰ.①国…　Ⅱ.①国…　Ⅲ.①能源发展－研究报告－世界－2019　②电力发展－研究报告－世界－2019　Ⅳ.①F416

中国版本图书馆CIP数据核字（2019）第256275号

出版发行：中国电力出版社
地　　址：北京市东城区北京站西街19号（邮政编码100005）
网　　址：http：//www.cepp.sgcc.com.cn
责任编辑：刘汝青（010-63412382）　李文娟
责任校对：黄　蓓　李　楠
装帧设计：赵姗姗
责任印制：吴　迪

印　　刷：北京瑞禾彩色印刷有限公司
版　　次：2019年11月第一版
印　　次：2019年11月北京第一次印刷
开　　本：787毫米×1092毫米　16开本
印　　张：8.75
字　　数：117千字
定　　价：88.00元

能源与电力分析年度报告

编　委　会

《国内外能源与电力发展状况分析报告》

编　写　组

前 言
PREFACE

在当前应对气候变化和保障能源安全的形势下，世界能源发展呈现出低碳、多元、清洁的特点。中国能源发展与世界各国的联系日益紧密，互动性和依存度不断增强。为了构建清洁低碳、安全高效的现代能源体系，需要客观认识世界能源与电力的发展形势，及时了解世界各国的发展动态和先进经验，准确把握全球能源与电力发展的趋势。

《国内外能源与电力发展状况分析报告》是国网能源研究院有限公司推出的“能源与电力分析年度报告系列”之一，是基于自主开发的国际能源电力统计分析平台的历史数据、关键指标计算模块，在对国内外能源相关统计机构发布的年度数据进行研究分析的基础上形成的。本报告力求能够为关注能源行业发展的领导、专家、科技人员、能源行业从业人员及其他读者提供借鉴和参考。

本报告采用国内外能源相关研究机构发布的最新数据，数据来源包括国际能源署（IEA）的《OECD 国家能源平衡》《非 OECD 国家能源平衡》《电信息》、联合国的《能源统计年鉴》、英国石油公司（BP 公司）的《BP 世界能源统计》、日本能源经济研究所、中国国家统计局、中国电力企业联合会部分电力公司等。此外，本报告还参考了其他国外电力协会或机构、各国统计机构的相关数据。

本报告共分为 6 章。第 1 章主要阐述并分析了 2018 年宏观经济环境、世界能源理事会（WEC）世界能源热点问题监测、典型国家能源政策动态和全球能源电力投资现状；第 2 章从能源消费、能源生产、能源贸易、能源环境等方面分析了世界能源行业发展状况及主要国家、中国能源行业发展状况，聚焦能源发展关键指标，对国内外能源发展状况进行了分析总结；第3章从电力消费、电力生产、发电成本、电网发展等方面分析了世界电力行业发展状况及主要国家、中国电力行业发展状况，聚焦电力发展关键指标等内容，对国内外电力发展状况进行了归纳总结；第4章汇总了主要国际能源统计机构和国网能源研究院有限公司的预测数据，展望了中长期国内外能源与电力的发展趋势；第5章对改革开放40年我国能源电力转型发展进行了专题研究分析评价；第6章对分布式能源及对能源市场格局影响进行了专题研究和分析。

本报告概述部分、国内外能源与电力发展形势部分、世界能源发展状况分析部分由闫湖主笔，世界电力发展状况分析部分由刘佳宁、闫湖主笔，世界能源与电力发展展望部分由闫湖主笔，专题研究由闫湖主笔。全书由李琼慧、闫湖统稿，李梓仟校核。

在本报告的编写过程中，得到了能源、电力领域多位专家的悉心指导，在此表示衷心感谢！感谢世界能源理事会（WEC）对本报告的贡献！

限于作者水平，虽然对书稿进行了反复研究推敲，但难免仍会存在疏漏与不足之处，恳请读者谅解并批评指正！

编著者

2019年10月

目　录
CONTENTS

概 述

2018年，对于世界能源而言，是具有鲜明特点的一年。世界经济增速放缓，发达经济体、新兴市场与发展中经济体经济增速都出现了下降，而世界一次能源消费增长却呈加速之势。世界非化石能源占比持续提高，能源消费持续向更清洁低碳转型；世界电力消费持续增长（见附录2），电源结构进一步向低碳方向发展。世界主要国家纷纷调整本国能源相关政策，以可再生能源为代表的新一轮能源转型持续推进。

（一）2018年世界能源发展主要特点

（1）全球经济增速放缓，一次能源消费增长加速。2018年世界经济增长3.6%，同比下降0.2个百分点。发达经济体经济增速为2.2%，同比下降0.2个百分点；新兴市场与发展中经济体经济增速为4.5%，同比下降0.3个百分点。2018年全球一次能源消费增长2.9%，为2011年以来增长最快的一年。

（2）全球一次能源消费增长由天然气和可再生能源引领，世界能源消费持续向低碳清洁能源转型。2018年全球天然气同比增长5.3%，是1984年以来的最快增速，可再生能源同比增长14.5%。一次能源消费的增量大约有60%来自于天然气和可再生能源。原油、原煤占比分别同比下降0.6、0.4个百分点，核电、水电占比保持不变，天然气、可再生能源占比分别同比上升0.6、0.4个百分点。

（3）中国煤炭消费持续低速增长，化石能源消费增长主要由天然气和石油引领。2018年中国煤炭消费增长0.9%，天然气增长18%，石油增长8.3%。尽管煤炭仍是中国主要一次能源，但2018年占比降为58%，创历史新低。2018年中国仍为全球第一大油气进口国，石油对外依存度达69.8%，天然气对外依存度为45.3%，能源安全风险继续上升。

（4）全球碳排放持续增长。2018年全球CO_2排放量为336.85亿t，同比增长2%。煤炭消费仍是化石燃料燃烧产生CO_2排放的主要来源。

（5）全球能源投资保持平稳态势，电力是最大投资领域，储能投资强劲。2018年全球能源投资超过1.8万亿美元，其中煤炭、油气供应投资分别增长

2%、1%，燃煤发电、可再生能源发电投资分别下降3%、1%，节能投资保持不变。电力行业连续第三年超过石油和天然气，成为最大的投资领域。低碳发电（可再生能源发电和核能发电）、电网以及储能投资占电力总投资近85%。2018年全球储能投资同比增长45%，达40亿美元。

（二）2018年世界电力发展主要特点

（1）世界用电量同比增长3.1%，发达国家用电量增长持续回升。2018年世界电力消费量约为22.0万亿kW·h，同比增长3.1%，增速较2017年下降0.3个百分点。2018年OECD[1]国家电力消费量为9.90万亿kW·h，同比增长1.9%，增速较2017年上升了1.3个百分点。

（2）世界电源结构进一步向低碳方向发展。2018年全球风电装机容量新增49GW，累计达595GW，全球太阳能光伏发电新增装机容量91GW，累计达到490GW。2018年世界火电装机容量占比59.2%，比2017年下降了0.9个百分点，非水可再生能源发电装机容量占比17.6%，比2017年上升了1.5个百分点。

（3）非水可再生能源发电量增幅仍在高位。2018年，世界太阳能、风能、地热、生物质能和其他可再生能源的发电量为24 804亿kW·h，较2017年增长3139亿kW·h，同比增长14.5%。火电、水电、核电、非水可再生能源发电量分别占总发电量的64.2%、15.8%、10.2%和9.3%，火电、核电、水电发电量比重同比分别下降0.6、0.1、0.1个百分点，非水可再生能源发电量比重增加0.9个百分点。

（4）非水可再生能源发电项目发电成本稳步下降。2018年，非水可再生能源发电项目中，光伏发电和陆上风电项目单位千瓦造价最低，分别为1293美元和1647美元。核电项目单位千瓦造价约为2911美元。生物质发电、海上风电项目单位千瓦造价在3800～4400美元之间。2010—2018年间，单位千瓦造价降幅最大的是光伏发电项目，2010年到2018年的8年间下降了70%。

---

[1] OECD，经济合作与发展组织，详见附录1。

（三）国内外能源电力发展展望

能源电力投资展望：世界能源投资需求持续增加，2018—2040年累计投资将达到60万亿美元，节能投资占比越来越大，将提高12.4个百分点，可再生能源投资在2025年后开始下降，主要是由于成本下降。

能源发展展望：综合各机构预测值，2040年世界一次能源需求将达到251亿～270亿tce。煤炭和石油的比重将持续降低，天然气和非化石能源的比重提高。

电力发展展望：2040年世界电力需求总量将达到34.7万亿kW•h，电力需求增速高于能源需求增速。2040年世界发电量约40.4万亿kW•h，发电量增长主要来自非OECD国家。

（四）专题研究

改革开放40年我国能源电力转型发展——再回首•再思考•再出发。选取1978年以来我国能源电力发展变化情况加以分析与评价，40年来我国非化石能源占一次能源消费比重上升了12.26个百分点，非水可再生能源发电量占比上升了8.12个百分点（1990—2018年），电能占终端能源消费比重提高了21.77个百分点，单位产值能耗下降83.9%，碳排放强度下降86.8%。我国能源消费结构、清洁能源发展变化显著，能源发展已从追求规模扩张向提高发展质量转变。

分布式能源及对能源市场格局影响。未来分布式能源广泛接入，电力系统单向垂直架构逐步向分布、清洁、互联、数字化、移动的泛在电力物联网转变。能源格局将发生重大变化：一是从市场开拓方向来看，配用环节成为新价值高地；二是从客户需求来看，客户需求由安全、便宜的电力供应向绿色、灵活、个性化、可持续的综合能源服务转变，综合能源服务市场潜力巨大；三是从市场竞争主体来看，大量新市场主体涌入，能源市场更加开放，主体角色更加多元；四是从业务经营来看，业务领域纵向上下游延伸，横向多能源一多服务；五是从技术支撑来看，数字化成为能源转型的重要支撑。

1

2018 年国内外能源与电力发展形势

1.1 2018年宏观经济环境

1.1.1 经济增长

2018年世界生产总值增速同比下降0.2个百分点。国际货币基金组织（简称IMF）数据显示，2018年世界经济增长3.6%，同比下降0.2个百分点。其中，发达经济体经济增速为2.2%，同比下降0.2个百分点；新兴市场与发展中经济体经济增速为4.5%，同比下降0.3个百分点。2011—2018年世界及主要国家和地区经济增长率见表1-1。

表1-1 2011—2018年世界及主要国家和地区经济增长率 %

国家（地区）	2011年	2012年	2013年	2014年	2015年	2016年	2017年	2018年
世界	4.3	3.5	3.5	3.6	3.4	3.4	3.8	3.6
发达国家	1.7	1.2	1.4	2.1	2.3	1.7	2.4	2.2
美国	1.6	2.2	1.8	2.5	2.9	1.6	2.2	2.9
欧元区	1.6	-0.9	-0.2	1.4	2.1	2.0	2.4	1.8
日本	-0.1	1.5	2.0	0.4	1.2	0.6	1.9	0.8
新兴市场与发展中经济体	6.4	5.4	5.1	4.7	4.3	4.6	4.8	4.5
俄罗斯	5.1	3.7	1.8	0.7	-2.5	0.3	1.6	2.3
中国	9.5	7.9	7.8	7.3	6.9	6.7	6.8	6.6
印度	6.6	5.5	6.4	7.4	8.0	8.2	7.2	7.1
巴西	4.0	1.9	3.0	0.5	-3.8	-3.3	1.1	1.1

数据来源：IMF《世界经济展望》，2019年4月。

（一）美国

美国2018年GDP增速回升，就业市场稳步复苏。美国商务部的数据显示，2018年第四季度在政府关门、贸易摩擦、消费者信心下降等因素影响下美国GDP增速为2.2%，比第三季度3.4%的增速减少1.2个百分点；2018年全年美国GDP增速为2.9%，较2017的2.2%有较大提升，为2015年以来最佳。2018年美国经济最大的亮点依然是就业市场持续稳步复苏。2018年美国失业率持续走低，12月降至当年最低3.8%，达到2000年以来最低值，2018年美国就业市场的表现是近18年来最好的。

美国经济增长的动力主要来自个人消费和私人投资。消费者支出、非住宅类固定投资、进出口以及政府支出在2018年实现增长。占美国经济总量近70%的消费者支出在2018年增长3.0%，对经济增长的贡献达2.05个百分点。出口增长3.0%，进口增长4.4%。住宅投资下降1.5%，使经济增长减少了0.06个百分点。

（二）欧元区

欧元区2018年经济增速放缓。受世界贸易及一些国家内部因素影响，欧元区2018年GDP增速降为1.8%，比2017年的2.4%增速下降了0.6个百分点。但与此同时，欧元区就业市场表现不俗，2018年12月失业率下跌至7.8%，为2008年11月以来最低水平。2018年欧元区通胀仍继续，全年通胀率平均值1.8%，其中能源价格上涨是首要影响因素。

欧元区主要经济体经济增速普遍下滑。2018年，德国、法国、意大利、西班牙GDP增速分别为1.5%、1.5%、0.9%、2.5%，同比下降了1、0.7、0.7、0.5个百分点，经济增速普遍下滑。

（三）日本

2018年日本经济复苏步伐放缓。**2018**日本经济增速为0.8%，较2017年的1.9%下降了1.1个百分点，主要由于第三季度自然灾害频发，导致内外需双双下降，GDP出现负增长。虽然2018年日本国内生产总值增长缓慢，但日本企业海外直接投资收益首次突破10万亿日元大关，增长率高达13%。因此，即使日本国内经济疲软，但日本企业在全球却保持良好扩张势头。从中长期来看，由于劳动力萎缩，日本经济前景仍然疲弱。

（四）新兴市场与发展中经济体

2018 年新兴经济体和发展中国家经济继续回暖，经济增速 4.5%，基本与去年持平。新兴经济体的增速依然领先于全球经济总体增速，是发达经济体增速的 2 倍。俄罗斯经济继续回暖，2018 年 GDP 增速 2.3%，比 2017 年提高了 0.7 个百分点。2018 年中国继续深化供给侧结构性改革，优化营商环境，推进减税降费，虽然中美经贸摩擦给一些企业生产经营、市场预期带来不利影响，全年国内生产总值增长率仍达到 6.6%，仍属于经济增长率最高的国家之一；2018 年印度 GDP 增速 7.1%，是全球增长最快的经济体，消费者信心提升、工资上升等因素促成的私人部门消费强劲、营商环境改善带来了私人投资好转成为印度经济增长有力支撑。得益于政府一系列振兴经济的措施，2018 年巴西经济连续第二年增长，GDP 增速 1.1%，与 2017 年持平。

1.1.2 国际贸易

受中美贸易摩擦直接影响，2018 年全球贸易增速放缓。IMF 最新统计数据显示，2018 年全球贸易量增长 3.8%，增幅较 2017 年回落 1.6 个百分点。其中发达经济体进口增长 3.3%，新兴市场和发展中经济体进口增长 5.6%。2011—2018 年世界贸易增长率见表 1 - 2。

表 1 - 2　2011—2018 年世界贸易增长率　%

国家（地区）	2011 年	2012 年	2013 年	2014 年	2015 年	2016 年	2017 年	2018 年
世界贸易量（货物和服务）	7.3	3.1	3.6	3.9	2.8	2.2	5.4	3.8

续表

国家（地区）		2011年	2012年	2013年	2014年	2015年	2016年	2017年	2018年
出口	发达国家	6.1	2.9	3.2	3.9	3.8	1.8	4.4	3.1
	新兴市场与发展中经济体	8.9	3.6	4.7	3.2	1.4	2.9	7.2	4.3
进口	发达国家	5.3	1.7	2.5	3.9	4.9	2.5	4.3	3.3
	新兴市场与发展中经济体	11.6	5.4	5.2	4.3	-1.0	1.8	7.5	5.6

数据来源：IMF《世界经济展望》，2019年4月。

1.2 WEC世界能源问题监测

1.2.1 全球能源问题监测地图

2019年全球问题监测地图（见图1-1）表明，**经济增长**、**中国经济增长**关注度增加；**电储能发展**不确定上升，电力**市场设计**和**能效**重要性增加，**电价**、**可再生能源**和**能源补贴**的不确定性及其影响基本保持不变。2019年虽然**氢能**重

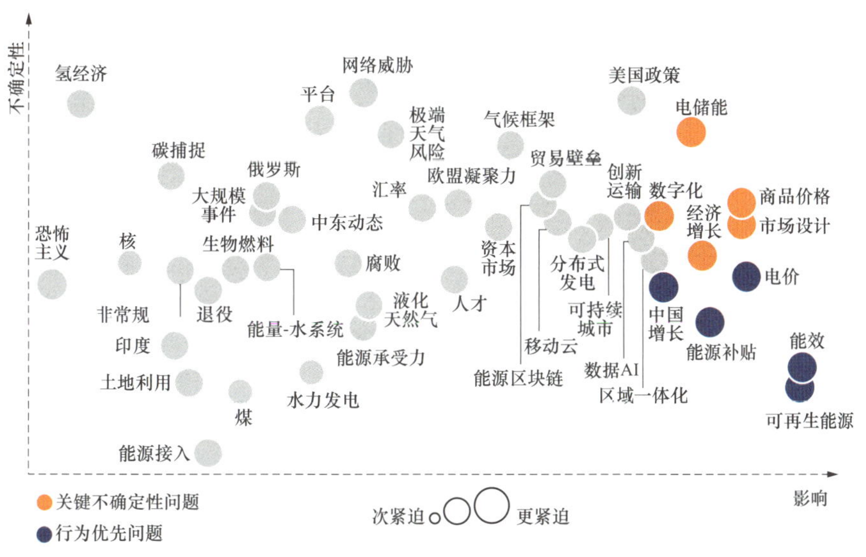

图1-1 能源转型的全球视角

要性和不确定都很低，但在亚洲地区，氢能新经济正在受到广泛关注。总体而言，自 2008 年以来，**可再生能源**、**创新传输**、**分布式发电**、**数字化**和**电储能**技术进步最大。2019 年，政府部门需要重点考虑的是：市场规则设计需要考虑低碳化转型、电气化成为能源行业低碳化重要方式、全球战略竞争和保护主义将会影响能源转型进程、锂和钴商品价格风险等因素，而过去主要是油气价格主导。

2019 年是可再生能源转型奖励团体（SET100）第二次参与全球能源问题监测调查，图 1 - 2 是能源转型全球能源创新者视角。相比 2018 年，2019 年区块链技术不确定性下降，可扩展性和可行性也被更好地理解并有众多项目部署。2019 年，电储能被认为一项关键技术在能源行业产生重要影响，目前最大的不确定在于电储能影响及其在电动汽车、削峰填谷、平滑可再生能源出力方面应用的扩大。

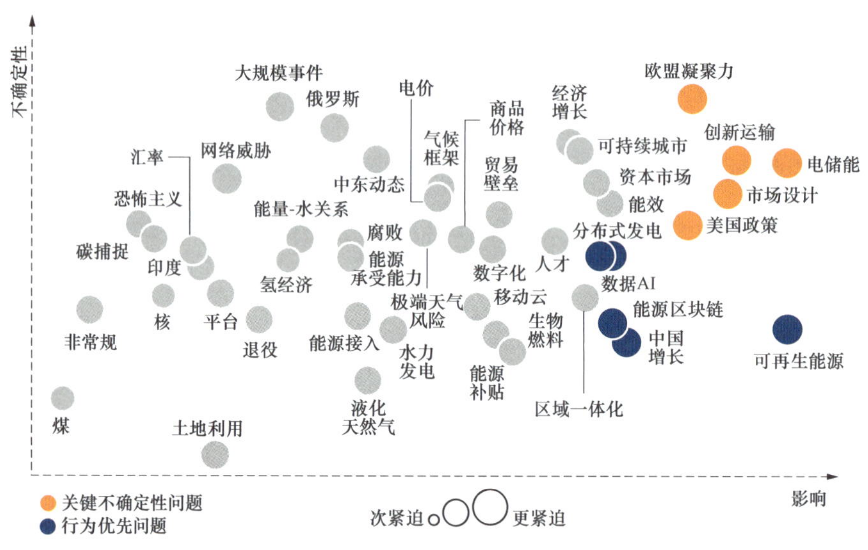

图 1 - 2　能源转型全球能源创新者视角

1.2.2　重点地区能源问题监测地图

（一）非洲地区

从非洲能源问题监测地图（见图 1 - 3）可以看出，相比 2018 年，**电价**和**分**

散式系统不确定不变，但**市场设计**和**中国增长**进入重点考虑范围。**可再生能源**、**能效**和**区域一体化**在重点行动区域位置基本没变，但影响作用提升。**能源接入**仍然是最大的挑战，尤其是在撒哈拉以南非洲地区，电能普及率是33%，农村地区是19%。**商品价格**从重点行动区域进入高不确定性区域，影响了出口，从而驱动增加能源出口多样性。

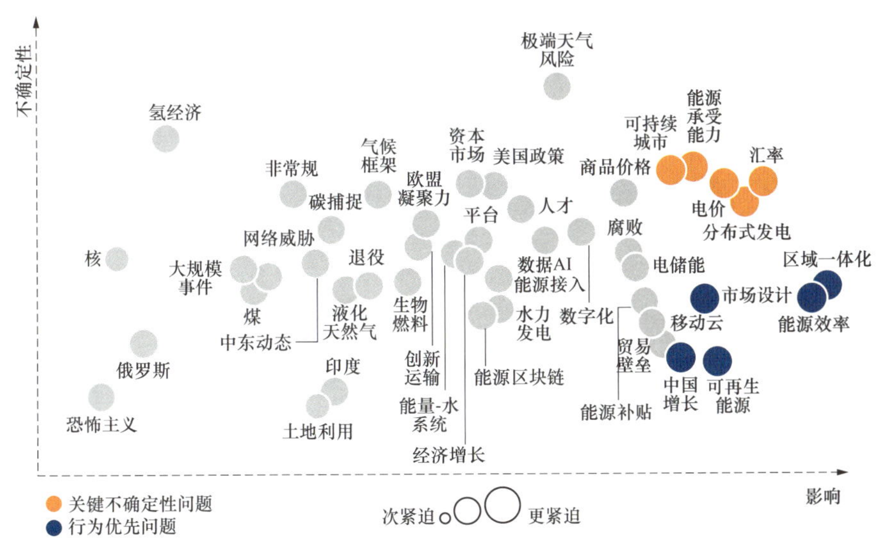

图1-3 非洲问题监测地图

能源承受能力仍然是重点关注问题，高电价和高接入费用对低收入家庭带来严重影响而且限制了用电范围扩展。由于社会压力加大，非洲政府寻求补贴来回应社会关切。可承受的电费将提高居民生活水平并促进现代能源服务（提高用电人口比例）。

分布式发电仍然具有高不确定性。2018年调查显示发展分布式发电重要性和紧迫性也在加大，与传统解决方案相比，它们可以更快、更低成本地释放社会经济红利，并且可以为快速缩小能源接入缺口提供具有吸引力的选择，特别是对偏远地区和农村地区。为进一步使其可持续发展，应采取强有力的行动，重点提高可再生能源供应。此外，政策制定者还需要发展监管框架以整合新的机会，并响应能源供应选择。

可持续城市不确定加大，紧迫性和过去一样。可持续城市需求变得如此迫切是因为大部分非洲城市还在和人口增长、贫穷扩大化和农民涌入抗争，基本服务需求不断增加。气候变化增加了不确定性，因为非洲城市环境特别容易受疾病（比如疟疾）爆发的影响。非洲城市可持续发展路径在于更好的城市规划、适当的城市政策和法规以及充足的基础设施资金。

能源效率仍然处于高影响和紧迫性的区域，因为它已被认识到是能源系统中不可缺失少的重要部分。居民和商业领域的新照明技术、节能电器、可再生能源的利用及能效标准提升都有助于降低能耗，但在交通、工业和电力部门却面临挑战。教育、资产、充足的融资、规则和政策有效性都将对能效降低做出重要贡献。

可再生能源在非洲继续发挥重要角色，并期望提高在并网地区以及偏远社区应用以达到能源广泛接入、减缓气候变化、低污染三大重要目标，一些主要国家已经取得了重要进展促进非洲可再生能源转型突破。然而，非洲地区在波动性可再生电源发展方面仍然面临一些重要挑战，比如政策框架、适应的法规、充足的资金以及政府和其他政策制定者的大力支持。

市场设计在一些优先领域已经发挥了重要作用。政府和行业都热衷于进一步扩大市场准入，以资助能源项目和基础设施。共识正在初步形成：以市场为导向的投资环境，释放正确的市场信号以实现可承受、安全、低碳电力供应是激发投资和降低资本成本的最好方式。供应设计和实施高效电力市场是非洲联盟实现非洲自由贸易市场（2017 年）、非洲关税同盟（2019 年）和非洲共同市场（2025 年）目标成功的关键。

区域能源一体化和电力互联继续呼吁关键优先行动，因为将给非洲国家和地区带来重大机遇，有望快速而且在可承受范围内解决能源“三难”。

中国成为在行动优先领域一个特权伙伴，将支撑许多非洲国家发展的雄心。2018 年中非合作论坛北京峰会开辟一个强大的中非合作新路径，包括双方参与具体行动来增强战略和政策之间的协同作用，推进“一带一路”倡议和非洲联盟《2063年议程》。

（二）亚洲地区

在亚洲地区，2019年最大的不确定性是**美国政策**，其次是**商品价格**，位于第三的是**电价**、**电储能以及中国增长**，如图1-4所示。

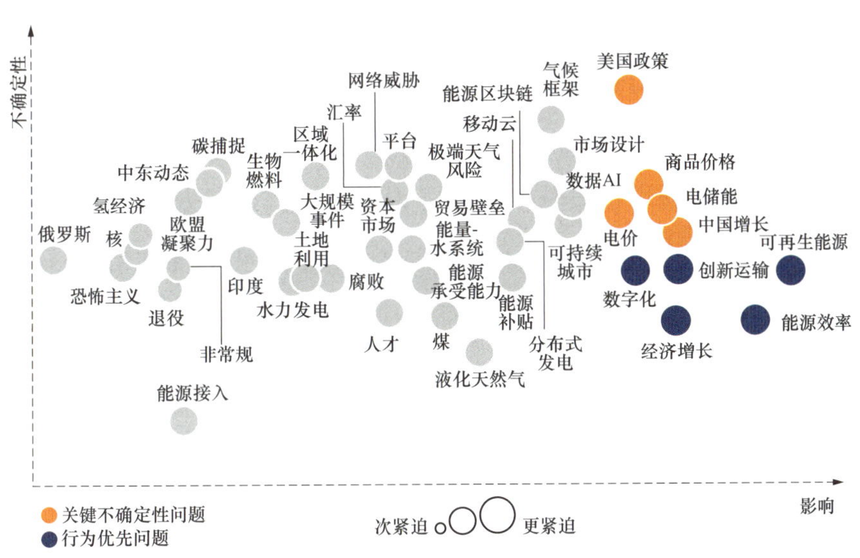

图1-4 亚洲问题监测地图

事实上，亚洲许多国家严重依赖与美国的贸易，加上最近的中国经济增长放缓，涓滴效应创造了高度不确定性，不仅适用于该地区，也适用于在亚洲开展业务的外国企业和寻求进入亚洲市场的外国投资者。

美国政策是迄今为止亚洲最紧迫的关键不确定因素，不仅因为它对该地区主要依赖进口的国家产生了影响，而且还因为对中国经济增长的影响现在处于十年内最低水平，以及给其他亚洲国家带来的连锁效应。外国投资下降，特别是中国，加上生产力放缓和货币政策收紧，可能意味着亚洲国家可能需要转向依赖更加可用和更便宜的国内资源，如煤炭。此外，美国政策的不确定性将为更快速开发可行的替代品（如电储能和可负担的氢能）带来更大的压力，以满足快速增长的能源需求。

商品价格是亚洲的一个关键不确定因素并不奇怪。特朗普对美国进口产品的反对以及他的贸易和关税政策对该地区的净进口依赖性和全球商品价格的潜在波动性产生了影响，影响了整个地区。这也可能对外国投资构成障碍，同时对一些国家发展节能技术和可再生能源带来更大压力。这些国家当前正在努力满足车辆使用增加和城镇化带来的电力需求增长和电力系统稳定压力加大的需求。

电储能、中国和电力价格并列归为2019年亚洲的关键不确定因素。找到可行、可靠、价格合理的电储能形式是能源需求呈指数增长的区域关键优先事项，但经济性和可扩展性使其成为挑战。中国经济放缓以及美国贸易和关税政策对中国以及整个亚洲地区产生了重大影响，给国内外投资带来了不确定性。进口依赖和商品价格波动对企业和政府造成重大障碍，这些地区保持电价可承受是一项重大挑战。

可再生能源是一些地区最紧迫的行动优先事项，这些国家正面临高排放、广泛使用便宜易得的煤炭、电力不普及、城镇化问题。亚洲高度发达经济体已经在发展可再生能源方面取得进展。日本正在探索氢和氨作为无碳燃料的潜力，并正在开发氨利用技术，这引起了欧洲、澳大利亚、美国和沙特阿拉伯的浓厚兴趣。新西兰的目标是到2050年实现零碳经济，到2035年实现100%的可再生能源发电。但一些快速发展的亚洲经济体，如印度、不丹和缅甸，必须平衡经济的快速增长、基础设施薄弱与对可再生能源发展关注。孟加拉国和尼泊尔等发展中经济体需要平衡人力和基础设施需求，需要重视能源需求快速增长与可持续能源系统的协调。

能源价值链各阶段的**能效**受到极大关注，结合亚洲大力发展可再生能源的迫切需求，亚洲地区到2025年有望成为世界最大的能源消费地区。能效措施已在亚洲许多国家实施来控制能源使用水平并帮助延长现有输配系统的寿命。分布式能源系统、智能电网、智能计量和区块链被许多亚洲国家视为提高能效的可行选择。

创新运输和数字化也被视为亚洲的行动重点。该地区城市人口增加，道路上车辆数量增加，不仅造成交通拥堵而且增加了排放，而减排是至关重要的。因此，增加电动汽车数量、增加技术和城市交通运输系统投资是许多亚洲国家的优先事项。企业认为，虽然数字化的成本、可行性和可用性仍存在不确定性，但数字化是发展业务和提高效率的重要选择，它不再是“如果”的问题，而是“何时”。

（三）欧洲地区

2019欧洲问题监测地图显示（见图1-5），**欧盟凝聚力、可再生能源和气候框架影响最大**。欧洲最大的不确定性是**创新集群**，包括**电储能**、**数字化**、**数据AI**，它们的应用仍然面临法规、消费者和企业的质疑。在**欧盟凝聚力**方面，自2018年以来俄罗斯的不确定性显著下降，但在英国脱欧谈判和即将举行的欧洲议会选举情况下，与欧盟凝聚力相关的潜在影响加大。值得注意的是，美国政策的潜在影响在这一年中大幅增加。多年来作为欧洲关键行动优先事项，**能效和可再生能源**投资加强，主要受能源价格、碳价上涨和欧盟新的能源联盟套案下监管框架支撑的驱动。

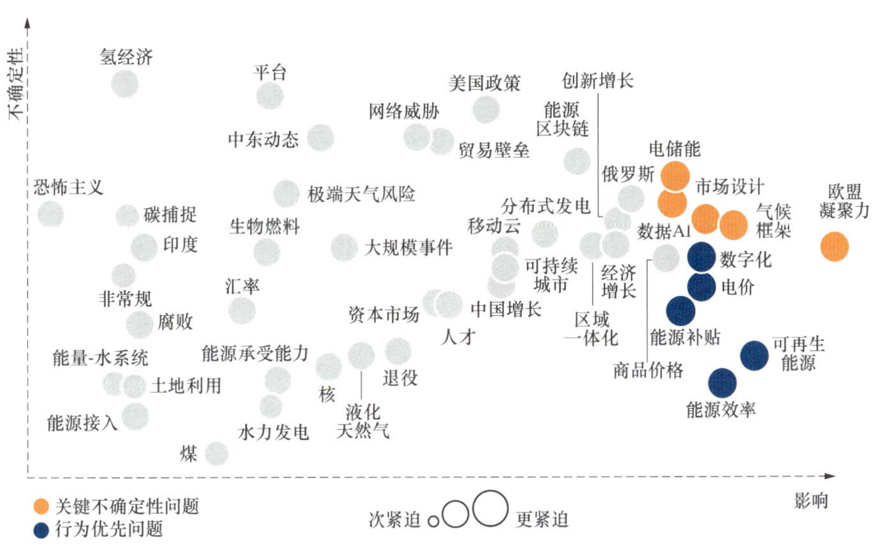

图1-5 欧洲问题监测地图

气候框架这一主题今年发生了重大转变：由曾经的高度不确定性到现在的

行动重点。随着巴黎协议和欧盟对排放交易计划法规的更新等重要政策的制定，欧洲能源部门对未来有了更加准确的看法。与可再生能源和能源效率一起，欧盟能源和气候政策（“冬季一揽子计划”）的所有三大支柱都在行动优先领域。

市场设计：能源系统转型的另一个问题是市场设计的正确性。现有的电力**市场设计**是由中央和可调度的发电站驱动的，而未来的能源世界有不同的特点，其特点是在以零边际成本为基础的强大天气驱动下的生产，所以也需要一种新的市场设计。因此，欧洲现在将其视为一项行动优先事项。

在欧洲，还看到集中解决方案在反对分散可再生能源解决方案方面的相对重要性继续下降。但是这并不意味着集中化的解决方案将不再发挥作用——未来几十年，它们在确保充足的电力供应上仍然重要。但它表明：未来能源系统的侧重点将在新的创新技术上。

数字化是该地区未来能源系统的发展趋势，在比利时、爱沙尼亚等国数字化属于行动重点事项，同时各国领导者也开始重视与之相关的网络威胁。

电储能是创新集群中一个核心技术，电储能也是运输和供暖需求的一个重要的技术集群，尤其对于运输来说，电储能是决定性的。

移动部门的电池开发受到极大关注，因为它们可能为电力系统提供突破性的解决方案，并对建筑和供暖部门产生影响。电网的规划和设计可能发生变化。但是，监管框架可能还不适合所有国家实施这样的解决方案，而且必须帮助消费者建立对这些新技术的信心。

数据 AI：人们认识到基于人工智能（AI）的数据管理和服务可以为能源部门带来巨大潜力，许多解决方案目前正在开发或测试。然而，对即将到来的欧盟关于网络安全和数据保护规定的担忧以及商业模式的不确定性也许会降低这些解决方案的快速、大规模应用。

欧盟凝聚力：虽然欧盟的 26 个成员国显示出了很高的凝聚力，但英国退欧谈判的未来结果及其对双方潜在影响的风险仍然很高。即将于 2019 年 5 月举行的欧洲议会选举可能会影响欧洲未来几年的政治议程。鉴于欧盟对能源监管的重要性，这可能也会对能源和气候框架产生重大影响。

能效：由于商品价格、电价和热价上涨，能效投资的经济性提高。这一趋势支撑了在欧洲联盟立法引入建筑节能新指令。从长远来看，控制能效措施成本，确保其可负担仍然是一个关键目标。

可再生能源：光伏（PV）方阵和风力涡轮机的价格下降提高了这些技术的投资吸引力。在一些欧洲国家，这些价格已经到了一个临界点，使得一些大型电站不再需要补贴且在市场上具有竞争力。政治目标、价格下降带来可再生能源的重大投资，引发了对电网灵活性的补偿问题。建筑物或运输中可再生能源发展仍然存在高度不确定性。

电价：由于商品价格上涨，一些国家的供需平衡趋紧以及碳价上涨，欧洲的电价上涨。欧洲电力市场更加紧密地整合也使电力价格在区域市场上相互耦合，这些短期趋势增强了对电力市场的信任，引发了许多欧洲国家对电力可承受性的政治担忧。

（四）拉丁美洲和加勒比地区

2019拉丁美洲和加勒比地区问题监测地图显示（见图1-6），**商品价格、腐败、可再生能源、能源效率、数字化、经济增长和市场设计**是重点关注问题。与过去两年一样，拉丁美洲和加勒比地区仍然面临大宗商品价格波动的问题。大宗商品价格不确定性和高度依赖石油对国家的负担和投资造成了严重影响，进而导致了社会不安定、通货膨胀、货币贬值、失业率上升等问题。

商品价格是关键的不确定因素，由于该地区对石油的经济依赖。原油价格经历了2018年从每桶60美元左右提高到每桶85美元的高位年底下降到每桶50美元，这些波动严重影响了拉美国家经济。南美洲国家的财政依赖于石油出口，而许多中美洲和加勒比国家高度依赖燃料进口来发展经济。

腐败仍然是一个关键的不确定因素，正在破坏经济增长和带来政治不稳定。因此，腐败、缺乏法律保障，推迟了大型能源项目的发展，中断讨论和劝

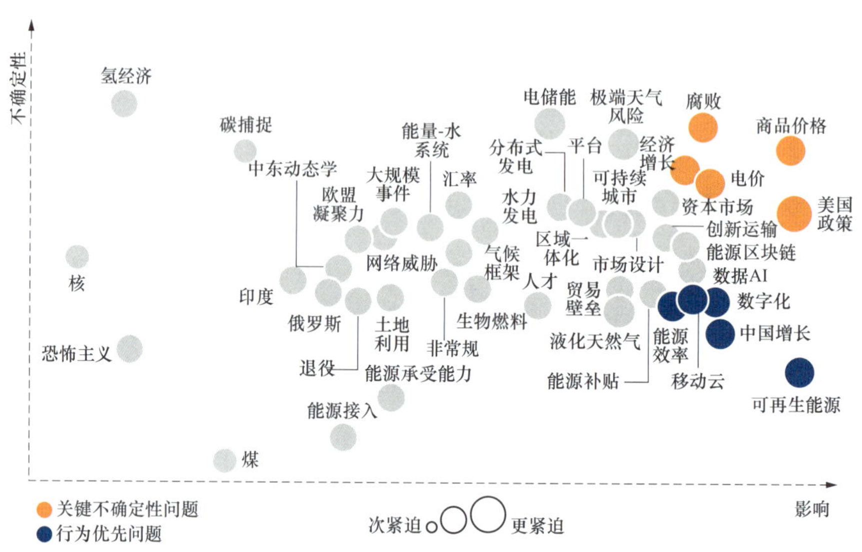

图 1 - 6　拉丁美洲和加勒比地区问题监测地图

阻投资直接影响当地市场，从而影响区域增长。在更大的范围内，腐败正在破坏公共机构。

可再生能源一直是该地区的行动优先事项，因为充分利用丰富水电、风能和太阳能资源已成为该地区大多数国家政府计划的优先事项。智利，哥伦比亚，厄瓜多尔和乌拉圭都是努力改变能源结构以取代化石燃料使用的典型国家。政府和公司这一领域继续对创新新技术进行投资，但仍然担心气候变化影响可再生能源发电资源。

能源效率并不是一个不确定性问题，但需要重点关注并强化行动来实现它的潜力。该地区必须致力于监管框架、税收优惠以及在全社会宣传提高能效的做法。哥伦比亚和智利主要在电动车辆方面发力，以提高能效。哥伦比亚世界能源理事会成员委员会每年举办一次关于电动交通的活动，通过在运输行业使用清洁技术促进可持续交通。智利已将一些政府机构的车辆更换为减少温室气体的电动汽车，提高公众对这项技术应用的认知。

数字化被视为能源领导者的关键行动，因为企业需要适应日益复杂的供应链。可再生资源利用的日益增长，运维复杂且缺乏预测给能源供应和需求的匹配带来了巨大挑战。巴西已经证明，要克服智能电能表、遥控器、自动化系统、实时模拟器和其他新技术的使用给能源公司带来的挑战。

经济增长及其与之相互联系的腐败将决定拉丁美洲和加勒比地区的能源转型步伐。此外，美国政策和中国公司在该地区的存在是了解该地区正在开发的一些大型项目的关键。

基础设施限制和**市场设计**正受到该地区政治和经济危机的影响，由于政治动荡和油价波动，开放经济体出现了增长的趋势，但私人投资的监管框架仍然薄弱，导致市场设计存在高度不确定性。根据调查可知，一些国家国有企业垄断电价但最终无法管理电价是另一个高度不确定性。

（五）中东地区

2018年中东地区能源发展热点问题主要为**商品价格**、**能源补贴**、**电储能**、**能源效率**、**可再生能源**和**创新运输**，如图1-7所示。

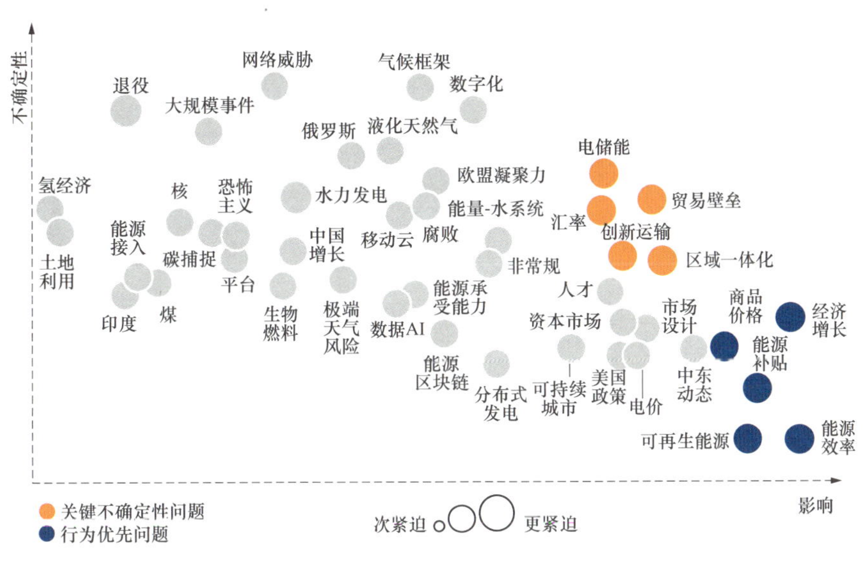

图1-7　中东问题监测地图

商品价格在2018年被确定为中东地区行动优先事项。中东地区在2018年与高度不稳定的石油市场做斗争。以沙特阿拉伯、阿联酋和科威特为首的石油输出国被迫削减产量，以防止石油生产价格在过剩供应的重压下下降。与2017年年底一样，过剩主要是由于美国页岩油产量的不断上升，美国超过以沙特阿拉伯为首的中东地区，成为世界上最大的石油生产国，这种变化已经影响到石油输出国组织 OPEC。该地区的石油进口国，如约旦、黎巴嫩和以色列受到油价下跌的积极影响；而对于石油生产国的政府来说，较低的石油价格提供了取消化石燃料和电力剩余补贴的机会，同时也能避免公众的强烈反对。

能源补贴仍然是行动的优先事项。包括沙特阿拉伯和阿联酋在内的海湾国家在 2014 年底石油价格崩溃实行补贴改革，目前正在取消之前的剩余补贴，因为吃掉了大量的州预算并带来猖獗的能源消耗。

电储能是一个关键的不确定因素，由于风能发电和太阳能发电等的引入，随着可再生能源发电在该地区的份额增加，电储能可能会受到更多关注。在该地区的许多国家，储能未能跟上可再生能源的部署步伐。

能源效率和可再生能源都被确定为行动重点，许多政府似乎采用双轨方法：采用更加严格的能效措施与扩大清洁能源技术应用。由于中东和海湾地区处于气候变化影响和二氧化碳排放风险之中，部分能源部门以及基于化石燃料的运输各部门，需要尽快采取紧急缓解行动。

创新运输被认为是另一个关键不确定因素，因为除了阿联酋，其他国家在鼓励使用电动汽车或混合动力汽车方面做得很少。阿联酋在引进碳捕集存储和碳捕集技术等方面取得了区域领先地位，而且该地区的第一座核电站将很快投入运营。

（六）北美地区

2019 年北美问题监测地图（见图 1 - 8）显示，**美国政策、大数据人工智能、能源效率、可再生能源和能源区块链**是热点。

自然资源开发是所有三个北美国家 GDP 的重要组成部分。由于化石燃料的生产和使用在北美能源部门发挥着重要作用，实现减排目标的挑战远远大于缺乏化石燃料资源。虽然更高的电气化、使用低排放的发电资源仍然是加拿大、墨西哥和美国的总体政策目标，但总体而言能源终端消费仍然主要是不可

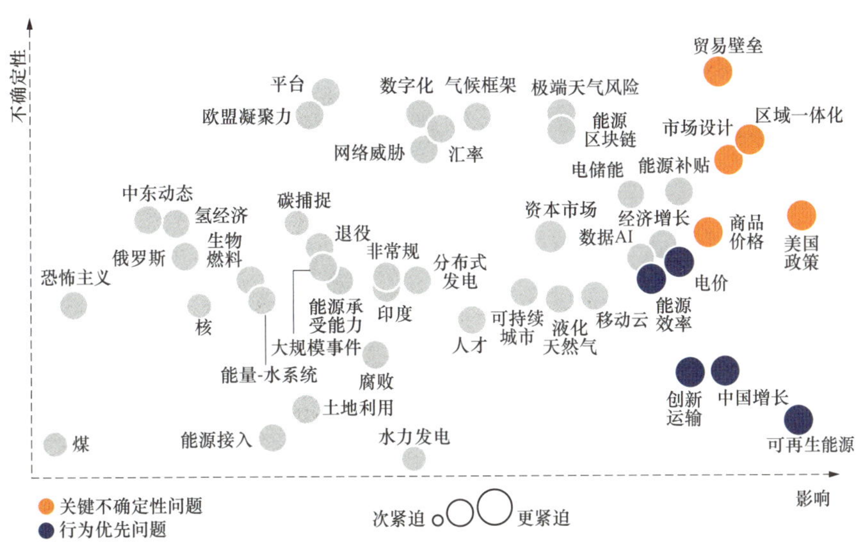

图 1-8 北美问题监测地图

再生的化石能源。

在经济方面，美国在 2018 年发起的《北美自由贸易协定》重新谈判为北美能源部门带来了一定程度的不确定性。钢铁和铝行业的关税和反补贴关税呈现负成本，对这三个国家的能源项目产生的影响。尽管有一些合作领域，但不同框架继续阻碍北美对全球气候变化问题反应的最佳效果。

北美能源专业人士仍然敏锐地意识到更大机遇，大数据、人工智能和物联网（IoT）将重构商业模式，特别是区块链技术引起了电力分配和贸易从业者极大兴趣。提高能源效率仍然是北美减少温室气体排放的最常见和最具成本效益的方法之一。可再生能源的广泛部署也有助于减排，然而它们也带来物理和运营方面的挑战。

美国政策对北美地区造成了持续的不确定性。在 2018 年《北美自由贸易协定》的重新谈判中，美国、加拿大和墨西哥之间谈判激烈，时而带威胁言论。贸易战和关税的真切和威胁言论增加了不同经济部门的不确定性，包括能源在内的部门担忧受到直接或间接影响。美国联邦减税使得加拿大和墨西哥正在审查其竞争力，特别是在能源方面部门。

不断增加的实时**数据**收集以及**人工智能**部署增加，为能源部门带来了挑战和机遇，它还会在决策过程中产生持久且可能不断增长的新的不确定性。虽然这种演变可能提高新能源部门效率，但也会破坏已经建立的商业和经济模式，还需要在网络安全领域持续保持警惕。

北美受访者将**能源效率**作为他们行动优先事项。尽管任何能源生产和销售中都存在相对优缺点，但提高能效率对所有国家消费者是同样有益和重要的。

虽然通过节约和高效利用降低能源使用仍然是最好的削减成本和排放方法，然而能源需求普遍继续增长。加拿大、墨西哥和美国通过部署**可再生能源**实现了大幅减排。技术改进、设备成本降低和更大规模的应用使可再生能源越来越可行和具有吸引力。北美可再生能源更好的整合可能提供额外的优势。

能源区块链介于关键不确定性和行动优先之间。人们与自己的房屋、设备、电器、车辆等的自动通信为更精确的、定制的、点对点的能源交易管理提供了机会。目前已经有一些试点项目和实验，北美地区需要继续关注这个领域。

（七）未来能源领袖（FELs）

2019 年未来能源领袖（FELs）监测结果显示（见图 1 - 9），**物联网/区块链、数字化和数据人工智能**是关键不确定性因素。鉴于这些技术在所有经济部门的重要性这并不奇怪。这些技术有可能彻底改变生产、消费和能源交易的方式。但仍存在不确定性：这些技术将如何发展？消费者会对这些技术有何看法？监管机构和公用事业将如何处理这些问题？市场将如何适应以促进其内在价值？不确定性可能很高但对这些技术具有潜在积极影响。

FELs 确定的三个关键行动重点是**可再生能源、能源效率和市场设计**。值得注意的是，这三个领域的排名都具有较低的不确定性，意味着它们的影响是众所周知的。FELs 认识到这三个行动可以对能源部门产生最大的影响。能源效率和可再生能源携手构成经济体脱碳的主要工具。但是，只有正确的市场

设计才能经济高效地实施此类解决方案。

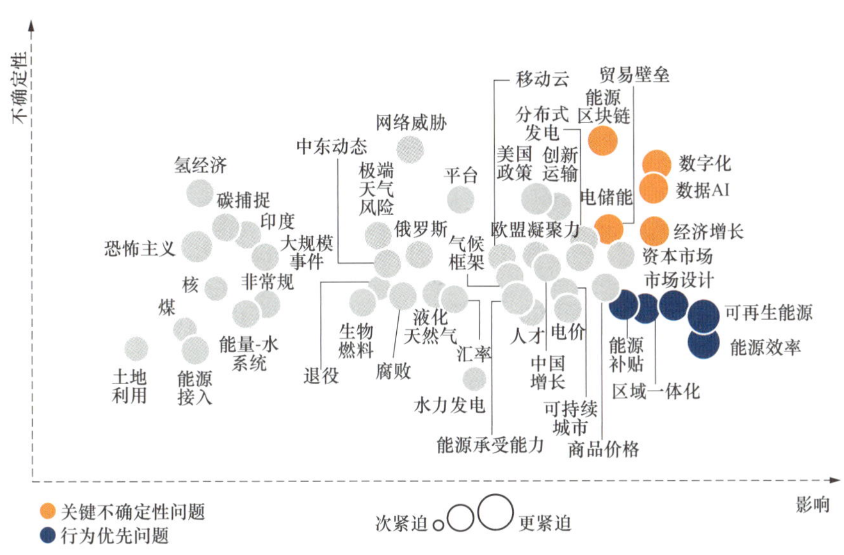

图1-9 未来能源领袖的问题监测地图

1.3 典型国家能源政策动态

1.3.1 化石能源开发相关政策

（一）“欧佩克+”决定适度增产，全球能源格局悄然生变

2018年6月23日，世界主要石油出口国的能源部长们在石油输出国组织（欧佩克）维也纳总部就增产石油达成一致，决定从7月起增加原油产量，旨在为2017年以来节节攀升的国际油价降温，平衡市场供需关系。

沙特阿拉伯能源部长法利赫表示，2018年下半年全球将面临160万桶/日至180万桶/日的石油供给短缺，欧佩克不能容许这样的短缺发生，需要考虑释放石油产量。在以沙特阿拉伯为代表的欧佩克国家和以俄罗斯为代表的非欧佩克产油国推动下，“欧佩克+”决定增加原油产出，以满足不断增长的市场需求。此次增产决定是欧佩克与非欧佩克产油国时隔18个月再次联合行动。与以往不同的是，此次增产决定没有明确数量指标。

与此同时，亚洲主要石油进口国酝酿成立“买家俱乐部”，以抗衡石油出口国联盟“欧佩克+”，两者相互角力，推动国际能源格局持续深入变革。

（二）卡塔尔从2019年1月起退出欧佩克

2018年12月3日，卡塔尔新任能源部长萨阿德宣布：“卡塔尔已决定从2019年1月起退出OPEC成员国，”萨阿德在多哈新闻发布会上表示。据卡塔尔国家通讯社报道，卡塔尔已向总部位于奥地利维也纳的欧佩克通报了该决定。尽管萨阿德表示卡塔尔退出欧佩克并非出于“政治”动机，但舆论认为，卡塔尔退出欧佩克的主要原因是其与欧佩克创始国之一、世界最大产油国沙特阿拉伯之间的争端。卡塔尔石油出口只占其油气出口量的1/10，对卡塔尔来说，天然气更为重要。卡塔尔是目前世界最大的天然气生产及出口国，占世界市场供应总量的30%。卡塔尔石油公司援引萨阿德的话称，过去几年中，卡塔尔“一直致力于有增长潜力的未来发展战略”，卡塔尔决定退出欧佩克，标志着该国今后将专注于天然气开采，并计划最迟在2024年将天然气年产量从目前的7700万t增加到1.1亿t。这一举动也将成为撕裂欧佩克的第一道裂痕。

（三）土耳其俄罗斯总统就能源合作达成多项共识

2018年4月3日，土耳其总统埃尔多安与俄罗斯总统普京在安卡拉出席土俄高级别合作理事会会议，双方就加强国防、能源等领域合作达成多项共识。能源方面，两位领导人表示，两国将合作建设一条地面天然气管道，作为正在建设中的海底天然气管道的补充，以帮助俄罗斯天然气向土耳其和欧盟出口。中东媒体认为，就能源而言，俄罗斯天然气资源丰富，土耳其则是连接欧洲和非洲的桥梁，双方合作的潜力巨大，都可以从中受益。此次土俄领导人高度重视两国合作建设的土耳其首座核电站——位于土耳其南部、濒临地中海的阿库尤核电站。3日，这座核电站破土动工，普京和埃尔多安在安卡拉以视频连线的方式，出席阿库尤核电站1号机组的混凝土浇筑仪式，并亲自下达浇筑指令。

埃尔多安在致辞中说，阿库尤核电站对土耳其能源安全有“重要意义”，土俄关系和能源合作正处在“历史性时刻”，土方愿同俄方继续加强在地区事务上的合作。普京表示，阿库尤核电站将是“安全和环保的核电站”。

（四）巴西力推盐下层石油开采

2018年4月3日，巴西国家石油管理局局长德西奥·奥多内表示，盐下层石油资源是巴西石油产量大幅提升的关键所在，得益于盐下层油田开采，2027年巴西石油产量可能超过日均500万桶。巴西国家石油管理局日前发布的数据显示，今年2月，巴西盐下层油田区块日产量创新高，达176.3万桶，相当于全国油气日产量的53.3%。

巴西政府2013年和2017年就盐下层油田开采权举行了三轮招标，2018年6月已举行了第四轮招标。首轮开采权招标中，由巴西石油公司、壳牌、道达尔以及中石油、中海油组成的联合体作为唯一投标方中标里贝拉油田项目。里贝拉油田是全球石油开采规模最大的海上油田之一，2017年11月开始出产原油。

1.3.2 能源相关行业税收政策

（一）英国宣布从2019年4月起废止新能源发电上网电价补贴政策

英国政府宣布其计划从2019年4月开始废止新能源发电上网电价补贴（feed-in-tariff，FiT）政策。FiT政策出台于2010年，以每单位发电量的固定费率向小型可再生能源发电企业提供补贴。通过税收的形式向小型可再生能源发电企业提供资金，这部分补偿由消费者承担。此前英国财政部曾在公布财政预算文件中披露，2025年以后将停止对新建的可再生能源项目的各种财务补贴，包括可再生能源强制配额、固定上网电价、差价合同等。

（二）欧盟正式公告取消中国进口光伏产品“双反”和MIP

2018年9月1日，欧盟委员会提前宣布，决定在9月3日午夜结束欧盟对中国太阳能电池和光伏组件的反倾销和反补贴措施。最低进口限价（minimum import price MIP）措施在 9 月 3 日午夜正式到期。声明提到，“在考虑了生产者以及使用或进口太阳能电池板的人的需求之后，委员会认为让这些措施失效符合欧盟的整体利益。该决定还考虑了欧盟新的可再生能源目标。”

（三）印度对进口太阳能产品征收 25%的保障性关税

印度财政部税务局宣布 2018 年 7 月 30 日起对光伏组件和太阳能电池征收 25%的保障性关税。25%的保障性关税将在 2018 年 7 月 30 日—2019 年 7 月 29 日实施。2019 年 7 月 30 日—2020 年 1 月 29 日将削减至 20%，2020 年 1 月 30 日—2020 年 7 月 29 日将降至 15%。加税新政主要针对中国与马来西亚，越南和泰国的光伏产品未来或将在印度市场具备新的竞争优势。此前印度贸易救济总局曾得出结论：印度太阳能电池进口的增加对国内生产商造成了“严重伤害”或“可能造成严重伤害”。

印度的太阳能电池进口从 2014—2015 年的 127.5 万 kW•h 猛增至 2017—2018 年的 979 万 kW•h。从中国和马来西亚进口的太阳能电池几乎占总进口量的 90%。其间，印度在 2017—2018 年的太阳能电池产量仅为 84.2 万 kW•h。

（四）日本东京计划为电动汽车充电点提供补贴

东京市政府计划通过在公寓免费安装充电设备等措施来推动电动汽车的普及，力争到 2040 年实现燃油汽车零销量。东京政府计划在 2018 财年预算中拨出 10 亿日元用于支付相关支出。鉴于全球正在逐步淘汰燃油汽车的使用，并向电动汽车等下一代汽车加速转移，东京希望能够在日本起到引领作用。

2016 年日本电动汽车及类似车辆的累计销量约为 15 万辆，普及率为 0.59%，不及英法等国的一半。在日本，90%的电动汽车车主都居住在独立公寓中。经济贸易产业省和东京市政府都认为，在公寓建筑群中安装充电设备是电动汽车普及的关键。早在 2012 财年，日本政府推出了购买或安装充电设备补贴措施。但是，截至 2017 年 3 月，东京仅在 16 个地点建设了 30 个这样的设施。在公寓安装充电设施的挑战一是居民必须承担一部分费用，二是安装设备需要得到四分之三公寓业主的同意。

（五）希腊可再生能源拍卖计划获欧委会批准

2018年1月5日，欧盟委员会已表示将支持希腊的可再生能源拍卖计划，认为该计划符合欧盟国家援助规则。根据这一计划，希腊将组织风力发电和太阳能发电装置单独拍卖，以确定其市场潜力。2019年，将举行风力发电和太阳能发电装置联合拍卖，以增加竞争力并降低希腊消费者在可再生能源上的成本。其他可再生能源技术，一旦达到预先确定的市场渗透水平，将支持对其拍卖。此外，希腊将在2020年对招标程序进行评估，进而设计2021－2025年间的招标程序。

欧盟委员会认为，希腊的拍卖计划符合欧盟的环境目标，有助于提高可再生能源发电份额，将因国家补贴扰乱市场竞争的行为降到最低。希腊2020年可再生能源发展目标是18%。

（六）澳大利亚支持氢计划以储备可再生能源

2018年10月22日，澳大利亚政府表示将为该国最大的使用太阳能和风能生产氢气的计划投入一半资金。该项目价值1500万澳元（1100万美元），作为天然气的后备选项。由Jemena天然气管道公司运营，该公司计划在悉尼西部建造一个500kW•h的电解槽，利用太阳能和风能将水分解为氢和氧。澳大利亚可再生能源机构称，大部分氢随后将注入当地天然气管网，用来储能。

澳大利亚可再生能源机构首席执行官Darren Miller在一份声明中表示："随着澳大利亚的可再生能源转型，氢在储能方面可以发挥重要作用，实现通过'绿色气体'使天然气网络脱碳。"氢也将用在发电机中为电网、氢供给站和氢燃料电池汽车等供电。

Jemena天然气管道公司表示将可再生能源以氢的形式存储在天然气管网中，可能比电池更加高效，因为氢可以储存数周或数月，而多余的可再生能源在电池中只能储存几分钟或几小时。澳大利亚维多利亚富产褐煤的拉特罗布山谷也是日本川崎重工主导的利用褐煤生产液态氢的试验地。

1.3.3 清洁能源发展调整政策

（一）欧盟 2030 年可再生能源目标调至 32%

欧洲议会、欧洲理事会和欧盟委员会就 2030 年可再生能源目标进行三方会谈，各方代表修订并签署《可再生能源指令协议》，同意将欧盟 2030 年可再生能源目标从 27%上调为 32%。卢森堡环境保护部长克劳德•特鲁姆斯透露："该协议包括到 2030 年将 32%的可再生能源占比定为具有法律约束力的目标，并允许在 2023 年审查上调水平。与此同时，欧盟将 2020 年可再生能源目标占比定为 20%。"

值得一提的是，在欧盟各国中，西班牙和意大利加入了支持将可再生能源占比提升至 35%的欧洲议会阵营。据西班牙《国家报》报道，西班牙首相佩德罗•桑切斯（Pedro Sanchez）领导的新政府比前任政府更支持可再生能源发展，新任能源部长里贝拉（Teresa Ribera）承诺在太阳能等可再生能源方面做更多工作。

（二）日本敲定新能源计划：主打太阳能等可再生能源，核能也是选项

2018 年 7 月 3 日，日本内阁决定修订了阐明中长期能源政策方针的《能源基本计划》，新的《能源基本计划》将所涉期间由以往的 2030 年扩展到 2050 年，提出将通过挑战实现脱碳化。其支柱是太阳能等可再生能源，该计划提出将解决成本高于国外和发电量易受天气影响等课题，使可再生能源发电成为经济上可自立核算的主力电源。《能源基本计划》还表示将核能作为脱碳化的选项之一，推进相关技术的研发，维持在尽可能的范围内降低对核能的依赖程度这一方针，但没有新建和增建核电站的内容。

（三）美国拟大力发展水电，"有条件"重返《巴黎协定》

2018 年伊始，虽然美国复兴核电和煤炭计划遇阻，却在水电领域释放出积极信号。1 月 23 日，特朗普发表声明称，希望美国能够进一步深化水电开发，增加水力发电量，同时表示"有条件"重返《巴黎协定》。美国能源部数据显

示，截至2017年6月，美国常规水电装机容量达80GW，占美国能源消费总量的6.5%，占可再生能源发电总装机容量的44%。虽然约一半的水电站位于加利福尼亚州、俄勒冈州和华盛顿州的西海岸，但几乎所有的美国家庭使用的电能都来自水电。

美国能源信息署（EIA）预计，未来几年美国将增加更多的水电设施，更有可能通过增加或改造现有的涡轮机来提升水力发电能力。2017年底，美国能源部联合多家企业发布的《水电展望》报告指出，到2050年，美国水电和抽水蓄能规模能够从目前的101GW增至150GW。如果能实现这一增长，则有利于美国发展低碳经济，同时发挥可再生能源的优势。

（四）法国2021年关停所有燃煤电厂，荷兰宣布到2030年全面禁用燃煤发电

法国总统马克龙表示法国正致力于成为应对气候变化的重要典范，并承诺将在2021年关停所有燃煤电厂。法国前总统奥朗德曾提出到2023年关闭国内所有燃煤电厂，马克龙的最新承诺比上届政府提前了2年，也比2017年法国生态部提出的2022年早了1年。目前法国只有1座在运燃煤电厂——柯尔德迈（Cordemais）电厂，该电站装机容量为3000MW，仅占法国总装机容量的2.3%。因此，只要柯尔德迈电厂停止运转，法国就完全没有煤电了。

荷兰宣布从2030年起将禁止使用燃煤发电，并且要求国内两家最古老的煤电厂必须在2024年年底前关闭。建议其余的燃煤电厂在此期间，通过其他方式或其他燃料（如可持续生物质能）适合新电力生产。

（五）法国大力发展生物质燃气推动生态转型

2018年1月31日法国环境和能源管理署发布研究报告，计划逐步让全国1100万家庭都使用生物质燃气，取代目前依赖进口的化石天然气。如今，生物质燃气只占法国燃气消耗的0.1%，但发展迅猛，法国政府希望到2030年这一比例增至30%，到2050年达到100%。

生物质燃气的主要优势，一是可以完全在法国生产，如今法国消耗的几乎

全部燃气均是从俄罗斯、挪威和阿尔及利亚通过输气管道或运输船进口而来；二是用农业废弃物生产沼气可以为农民带来额外收入；三是该领域预计能创造5000～10 000 个就业岗位；四是减少生产和消耗天然气过程的温室气体排放。然而，由于现阶段生物质燃气的生产成本比进口化石天然气高出四到五倍，其发展仍然受限。

（六）日本拟到 2050 年全面实现汽车电动化，丹麦计划到 2030 年终止销售汽油车和柴油车

日本政府计划到 2050 年之前，将在全球销售的所有日系车改为电动车款式，包括混合动力汽车和氢燃料电动汽车，目标是将每台车的二氧化碳排放量较 2010 年水平削减 80%。为了实现这一目标，日本将推动电动汽车和高性能汽车电池的快速充电以及电池回收技术的开发，加速电动汽车网络和相关服务的部署。日本政府将到 2030 年提高电动汽车和混合动力汽车的比重至 20%～30%作为目标，目前仅为 1%。

丹麦政府宣布到 2030 年终止出售内燃机汽车，同时预计有一百万辆电动和混合动力汽车投入使用。丹麦首相在议会发言中称："在丹麦，柴油车和汽油车肯定会成为过去，未来将是绿色环保的。"他补充道传统化石能源的汽车将在 2030 年前禁止销售。

（七）欧盟就小型"民用能源"达成协议

2018 年 11 月，欧盟谈判各方就"民用能源社区"的法律框架达成协议。这项协议被光伏发电设备生产商誉为小型可再生能源发电的胜利。据知情人士透露，该协议的关键内容包括研究建立能源共同体（即位于同一栋建筑或街区的电力用户）拥有、租赁或购买自己的配电网络的可能性。当用电地点相同时，比如在同一幢建筑物或综合性设施内，电网将默认不收费。

根据欧洲可再生能源合作联盟提供的数据，目前欧洲大约有 3000 个民用能源社区。据欧盟委员会估计，到 2030 年，能源社区可能将拥有超过5000 万 kW•h 的风电电能以及 5000 多万 kW•h 的太阳能发电电能，分别占装

机容量的17%和21%。

1.4　能源电力投资

继连续三年下滑之后，2018年全球能源投资超过1.8万亿美元并保持平稳态势。石油、天然气和煤炭供应方面的投资支出增加部分与化石燃料发电和可再生能源方面的投资支出减少部分抵消，能源效率投资支出保持不变。电力仍吸引了大部分的投资，连续第三年超过石油和天然气，如图1-10所示。

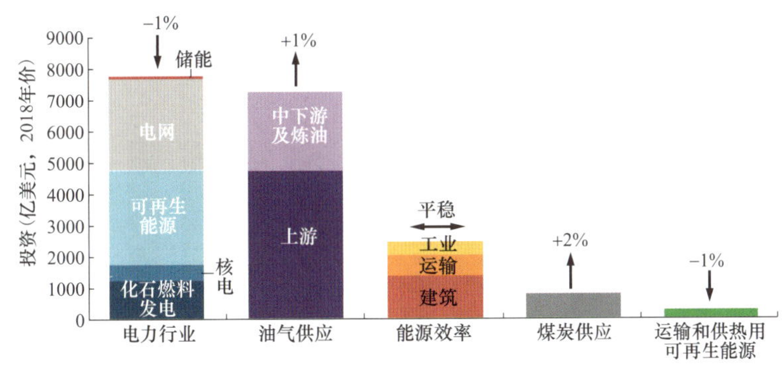

图1-10　2018年全球能源分部门投资及与2017年对比变化情况

2018年化石燃料供应方面的投资趋稳，约8060亿美元。由于油价上涨以及投资转向短周期和页岩气项目，2018年上游石油和天然气投资支出增长4%，达到4770亿美元。2019年的投资支出预计将增长6%，至5050亿美元。煤炭供应的投资在2018年增长了2%，达800亿美元，这是自2012年以来的首次增长，但总投资仍远低于21世纪10年代初达到的峰值水平。2018年年中有4个天然气液化项目被制裁，由于天然气需求旺盛，一些企业会寻求批准新的天然气液化项目，预计2019年LNG液化项目投资将会创历史纪录。

世界能源持续电气化，电力行业续第三年超过石油和天然气，成为最大的投资领域，低碳电力和电网投资及存储占电力行业投资85%。尽管这一趋势在一定程度上是由于这两个行业的成本转移，但也反映出电力行业的重要性日益上升。如图 1-11 所示，2018 年，电力需求增速几乎是总体能源需求增速的两倍。2018 年，全球电力投资下降 1%，略高于 7750 亿美元。其中，燃煤发电投资下降近 3%，为 2004 年以来的最低水平；燃气发电投资支出放缓；核电投资小幅上升；可再生能源电力投资小幅下降 1%；电池存储投资飙升了 45%，电网投资小幅下降。总体而言，低碳发电（可再生能源发电和核能发电）占发电投资支出的近四分之三。作为电力系统灵活性的关键推动因素，低碳发电、电网以及存储的份额占电力总投资支出的近 85%。

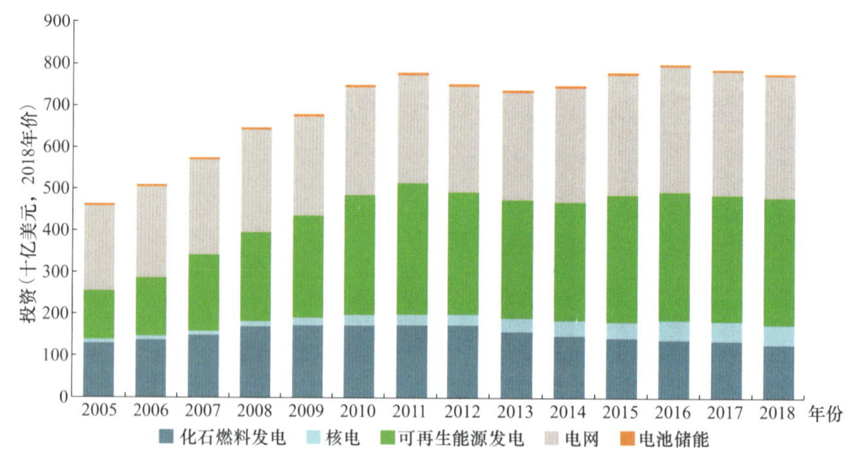

图 1-11　全球电力投资情况

可再生能源发电投资小幅下降 1%，主要是净产能增加持平且部分技术成本下降。2018 年光伏发电支出下降约 4%，而风能投资则持平。光伏发电投资的下降是可再生能源发电投资下滑的原因之一，主要是由于中国的政策变化，中国正在寻求促进更具成本效益和系统友好型的投资。在中国之外，世界其他地区的可再生能源发电投资增长了近 5%。在印度，在政府拍卖的支持下，光伏发电投资首次超过煤电。在美国，受企业采购的支持，光伏发电和风力发电投资增长了近 15%，占总投资的近四分之一。欧洲海上风电占风电投资支出的五分之一。

2018 年全球电网投资下降 1%。全球电网投资情况如图 1-12 所示，尽管输电网投资继续上升，但由于配电投资减少，电网总体投资下降了1%。美国投资强劲增长，而中国投资则有所下降。印度和欧洲的电网投资都增长了5%左右。

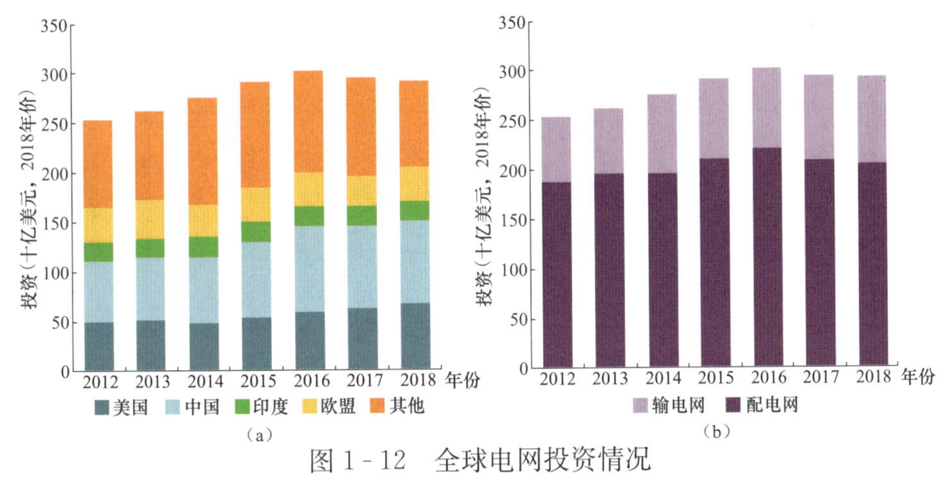

图1-12　全球电网投资情况

(a) 按地区；(b) 按输配电

2018年储能投资增长45%，达40亿美元。如图1-13所示，2018年全球储能投资主要受电网侧和用户侧储能增长驱动，电网侧储能增长了30%，新增容量1.2GW。其中，欧洲（尤其是英国）和美国投资占比达一半，主要受容量机制和合约支持，中国增长最快，增长了4倍。用户侧储能增长了60%，新增容量1.9GW，韩国贡献了最大的增量，主要受其工商业峰谷价差加大影响。2018年电网侧储能成本下降到400美元/（kW•h），用户侧储能成本下降到800美元/（kW•h），两种类型储能电池组成本占35%～40%。在电储能中，抽水蓄能仍然占比最大，2018年锂电池市场份额最大。储能投资主要应用于电网辅助服务，另外与可再生能源发电集成投资也在增长。

能源效率投资支出连续第二年保持稳定，扩大政策覆盖面的进展有限。如图1-14所示，2018年，共计2400亿美元的资金投资于建筑、运输和工业部门的能效改善方面，与上年持平。2018年建筑投资支出1390亿美元，下降2%，但仍是能效投资最大的部门。中国和美国投资支出保持稳定，但欧洲投资支出下降，主要是政府修改了补贴激励以降低财政负担。2018年运输效率方面投资停滞不前，虽然电动汽车销量飙升，增长了近70%，达到200万辆，但由于储能

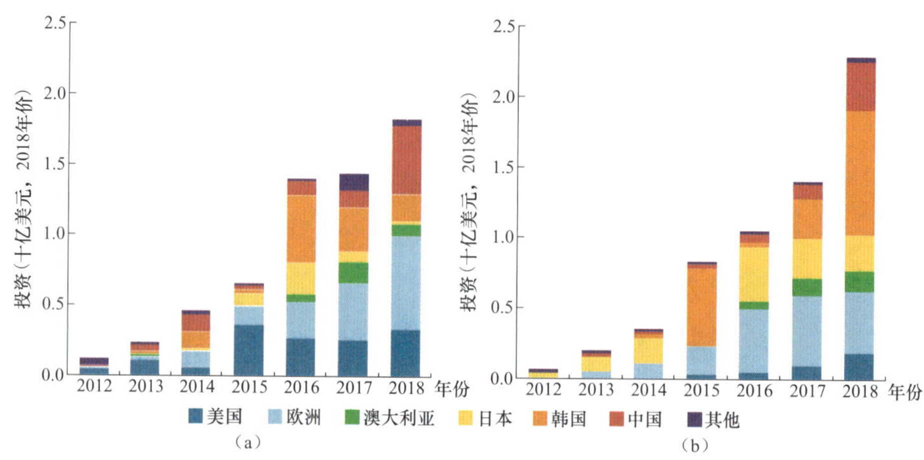

图 1-13　全球储能投资情况

（a）电网侧；（b）用户侧

价格下降，投资增长有限。工业部门的能效投资在 2018 年少于 400 亿美元，自 2015 年来基本没变，但各国占比发生了重大变化。北美地区从 17%下降到 10%以下，中国从 15%增长到了 37%，这反映了中国持续现代化的进程及对提高能效的不懈努力。

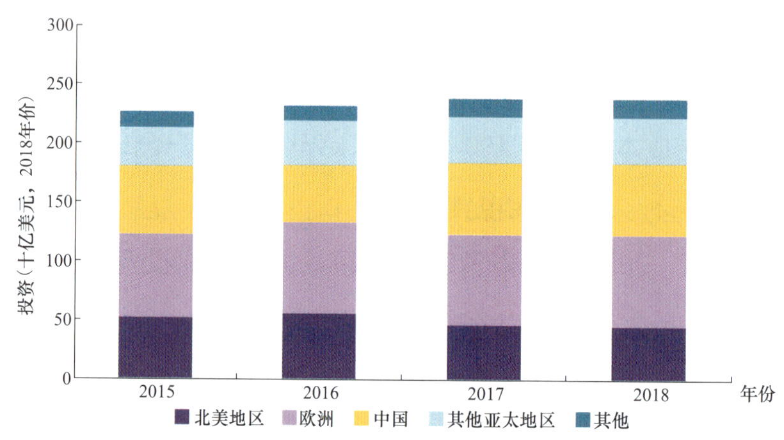

图 1-14　全球能效投资情况

中国、美国和印度推动关键投资趋势。中国仍是全球最大的能源投资市场，但领先优势有所收窄，占全球能源投资总量的 1/5 以上。中国的能源投资越来越受到低碳电力供应、电网及能效的推动。2018 年，新建煤电项目的投资下降了60%。十年来，美国对能源供应投资的增长起了主要作用，2018年美国巩固了其作为世界第二大能源投资国的地位，这得益于上游油气部门［主要是页岩油（气）］以及气电和电网的投资大幅回升。印度可再生能源投资在2018年继续超过了以化石燃料为基础的电源投资，过去三年印度的能源投资增长最为迅速，增长12%。图1-15显示了2018年全球能源分品种和分区域投资情况。

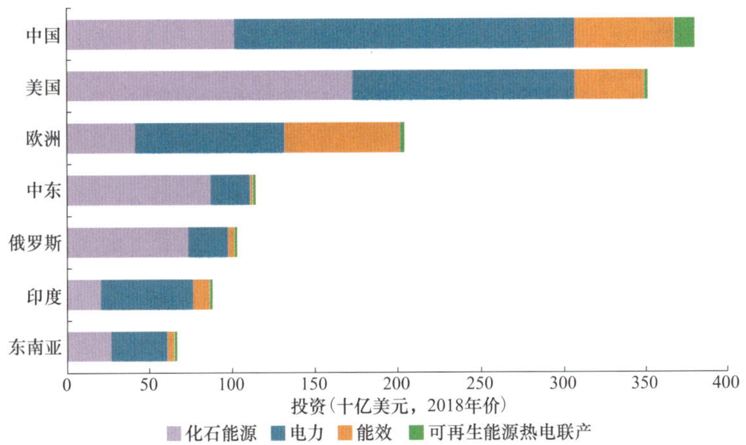

图1-15　2018年全球能源分品种和分区域投资情况

2

国内外能源发展状况分析

2.1 世界能源行业发展状况

2.1.1 能源消费

（一）一次能源消费

世界一次能源消费增长强劲。2007—2018 年世界一次能源消费及增长率如图 2-1 所示。2018 年世界一次能源消费总量约为 198.07 亿 tce，同比增长 2.9%，几乎两倍于过去 10 年 1.5%的年均增长率，为 2010 年以来增长最快的一年。

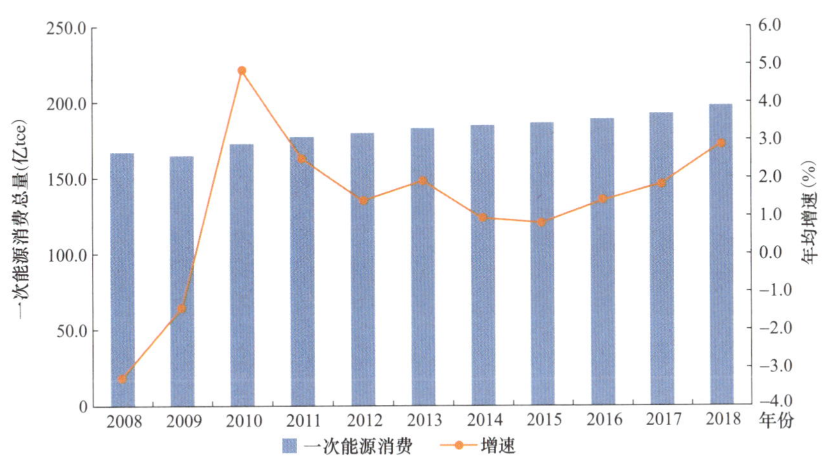

图 2-1 世界一次能源消费量及年增速

原油是世界最主要一次能源的地位保持不变，煤炭在能源结构中的占比持续下降，为近 15 年以来的最低水平。2018 年，世界原煤、原油、天然气、核电、水电、非水可再生能源分别占一次能源总消费量的 27.2%、33.6%、23.9%、4.4%、6.9%、4.0%。2018 年世界一次能源消费结构如图 2-2 所示。

一次能源消费的增量约有 60%来自天然气和可再生能源。天然气消费大幅攀升，成为 2018 年消费增长最多的一次能源（5.3%，2.39 亿 tce），其次是持续

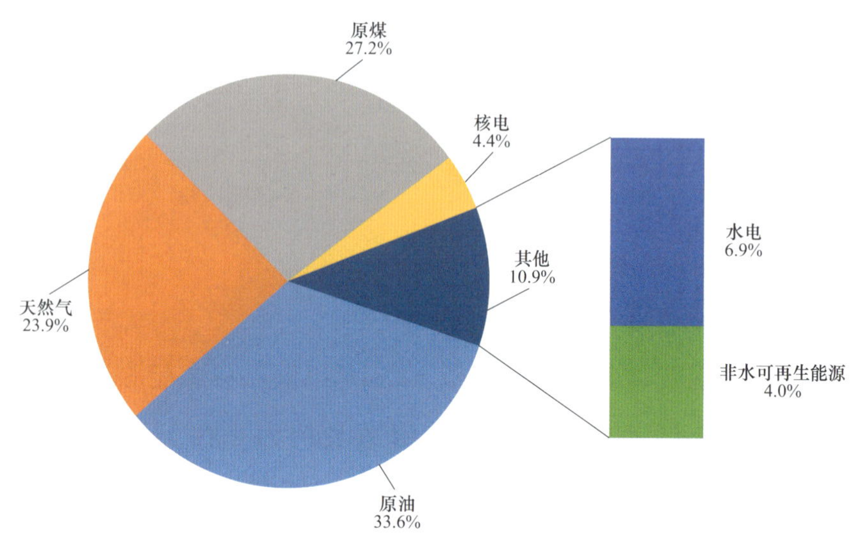

图 2-2　2018 年世界一次能源消费量分品种构成

强劲增长的可再生能源（14.5%，1.02 亿 tce），尤其是风能和太阳能。2018 年，世界原油、原煤占比分别同比下降 0.6、0.4 个百分点，核电、水电占比保持不变，天然气、可再生能源占比分别同比上升 0.6、0.4 个百分点。

天然气领涨全球能源消费。2018 年，世界原煤消费量 53.89 亿 tce，增长 1.4%，两倍于近 10 年平均增速。2018 年，世界原油消费量 46.62 亿 t，同比增长 1.2%，高于过去 10 年 1.0%的年均增长率。2018 年，世界天然气消费量达 38 489 亿 m^3，增长了 1950 亿 m^3，同比增长 5.3%，是 1984 年以来的最快增速。

核电、水电消费量增长快速。2018 年，世界核电发电量 27 014 亿 kW·h，同比增长 2.4%，是自 2010 年以来的最快增速。2018 年，世界水电发电量 41 931 亿 kW·h，同比增长 3.1%，高于过去 10 年 2.8%的年均增长率。

非水可再生能源消费量增速回落。2018 年，世界非水可再生能源消费量 80 186 万 tce，同比增长 14.5%，略低于过去 10 年 16.4%的平均增速。太阳能消费增量 4243 万 tce，略低于风能消费（4600 万 tce），贡献了超过四成的增长。

（二）终端能源消费

2017 年世界终端能源消费总量约 138.8 亿 tce，同比增长 1.7%。其中，煤炭、石油、天然气、电力、热力及其他能源分别占 10.5%、41.0%、15.5%、18.9%和 14.1%。2000—2017 年世界终端能源消费量及增长速度如图 2-3 所示，2017 年世界终端能源消费结构如图 2-4 所示。

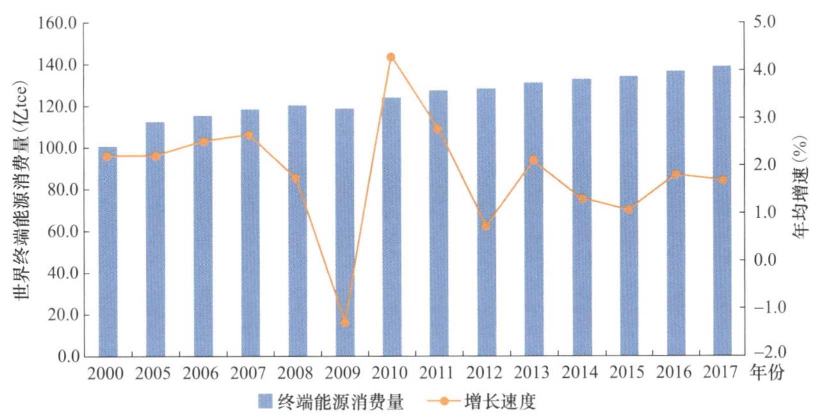

图 2-3 2000—2017 年世界终端能源消费量及增长速度

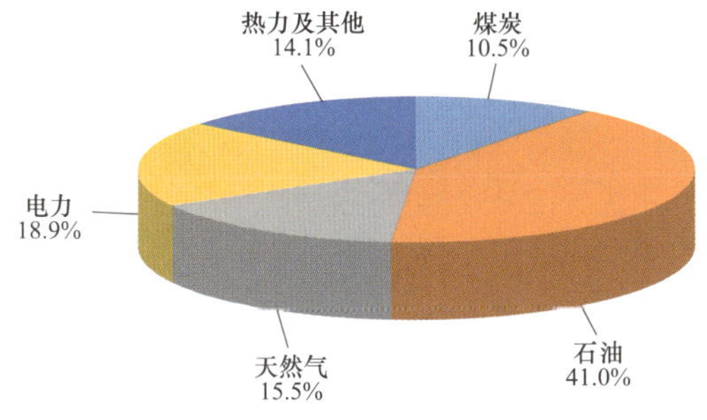

图 2-4 2017 年世界终端能源消费结构

2.1.2 能源生产

世界煤炭产量增长 4.0%，是近 5 年来最大增幅。2018 年，世界煤炭总产量 80.13 亿 t，同比增长 4.0%，几乎 3 倍于过去 10 年 1.4%的年均增速。

世界石油产量大幅增长。2018 年，世界石油总产量达到 44.74 亿 t，同比增长 2.2%，2 倍于过去 10 年 1.0%的年均增速。

世界天然气产量增加 1900 亿 m^3，同比上升 5.2%，是过去 10 年均值 (2.3%) 的两倍多。2018 年，世界天然气产量为 38 679 亿 m^3，其中俄罗斯增长最多（增加 340 亿 m^3），其次是伊朗（增加 190 亿 m^3）。

世界核能增长快速，是自 2010 年以来最大增幅。2018 年，世界核电发电量 27 014 亿 kW•h，同比增长 2.4%。中国贡献了近 75%增长，其次是日本。

水电同比增长上升。2018 年，世界水电发电量 41 931 亿 kW•h，同比增长 3.1%，略高于过去 10 年 2.8%的年均增长率。欧洲增长了 9.8%，扭转了 2017 年下降趋势。

可再生能源发电增长了 14.5%，低于过去 10 年均值（16.4%）。可再生能源发电的一半以上来源于风电；太阳能发电虽然在可再生能源发电中占比仅为 23.6%，却贡献了 40%的增量。

世界发电量增长 3.7%，高于十年均值（2.5%）。2018 年世界发电量 266 148 亿 kW•h，中国贡献超过一半的增长，其次是印度、美国。发电量近 1/3 的增长来自可再生能源，剩下主要来自于煤炭（31%）和天然气（25%）。可再生能源发电在发电结构中的占比从 8.4%提高到 9.3%，煤炭仍然占比最大（38%）。

2.1.3 能源贸易

（一）煤炭

2018 年世界煤炭出口总量 14.20 亿 tce，同比上升 4.2%。印度尼西亚和澳大利亚是最主要的煤炭出口国家，出口量分别为 4.39 亿、3.82 亿 tce，分别占世界出口总量的 30.9%、26.9%。**世界煤炭进口总量 14.24 亿 tce，同比上升 3.6%**。煤炭进口量排名前五位的国家（地区）均在亚洲，中国进口量有所上升，为 2.95 亿 tce，仍居世界首位，其次是印度和日本。2018 年世界十大煤炭进出口国家（地区）情况见表 2-1。

表 2-1　　2018 年世界十大煤炭进出口国家（地区）　　亿 tce

排名	出口		进口	
	国家（地区）	净出口量	国家（地区）	净进口量
1	印度尼西亚	4.39	中国	2.95
2	澳大利亚	3.82	印度	2.40
3	俄罗斯	1.82	日本	1.85
4	美国	1.05	韩国	1.42
5	哥伦比亚	0.82	中国台湾	0.67
6	南非	0.69	德国	0.44
7	蒙古	0.34	土耳其	0.38
8	加拿大	0.30	马来西亚	0.33
9	哈萨克斯坦	0.26	俄罗斯	0.28
10	莫桑比克	0.12	泰国	0.25

数据来源：IEA。

（二）石油

2018 年世界石油贸易量达到 35.02 亿 t，同比增长 2.4%。其中，原油贸易量 22.63 亿 t，石油产品贸易量 12.39 亿 t，分别占 64.6%和 35.4%。石油贸易量占石油消费量的比重从 11 年前的 57%提高到了 77.3%，石油的全球化能源配置趋势愈加明显。

2018 年世界石油贸易流向如图 2-5 所示。

（三）天然气

管道贸易主要从俄罗斯、挪威流向欧洲其他国家，以及从加拿大流向美国。LNG 主要从中东、北非地区流向东亚。2018 年，全球天然气贸易量 12 364 亿 m^3，上升了 8.3%，主要得益于管道贸易、LNG 双双超过 8%的增长。其中，管道贸易量 8054 亿 m^3，同比增长 8.7%；LNG 贸易量 4310 亿 m^3，同比增长 9.6%。管道和 LNG 分别占世界天然气贸易量的 65.1%和 34.9%。

2018 年世界天然气贸易流向如图 2-6 所示。

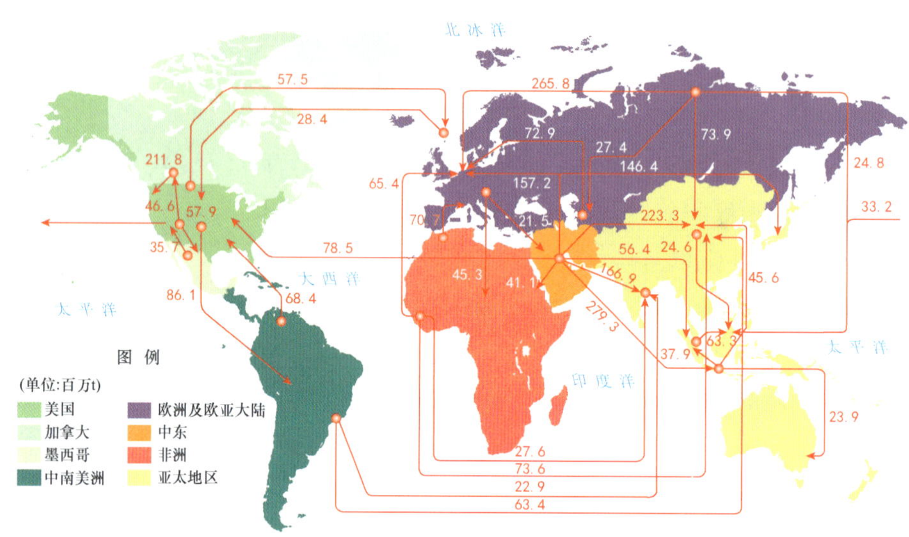

图 2-5　2018 年世界石油贸易流向示意图

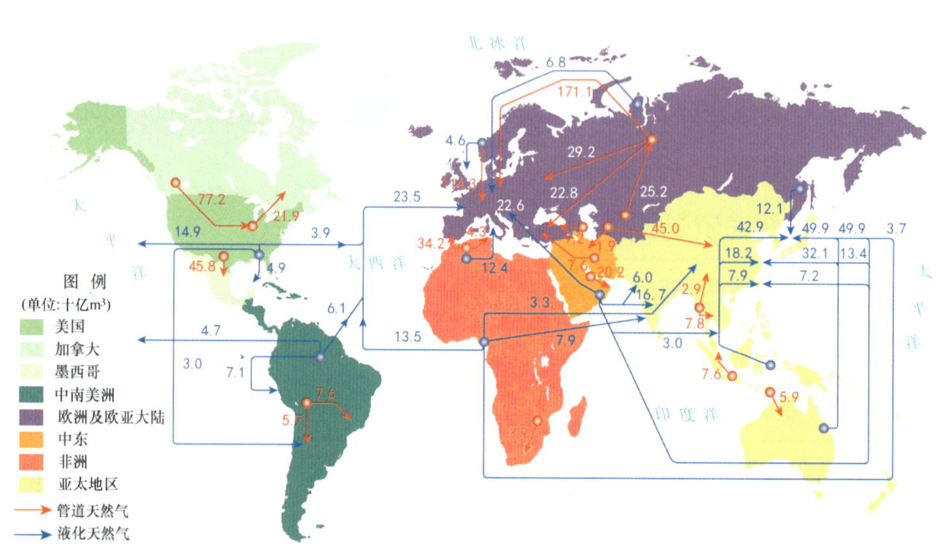

图 2-6　2018 年世界天然气贸易流向示意图

（四）电力

当今相邻国家电力交易已非常普遍。2018 年，OECD 国家电力进口 491.8TW•h，同比上升 1.1%，占电力总供给的 4.4%；出口 473.8TW•h，同比下降 3.7%，占电力总供给的 4.3%。OECD 国家电力交易由欧洲区域和美洲区域构成，大洋洲区域没有电力交易。美洲区域电力进口 76.4TW•h，同比下降 1.7%；出口 76.7TW•h，同比下降 8.6%。欧洲区域电力进口 415.4TW•h，同比上升 1.7%；出口 397.0TW•h，同比下降 2.7%。

非 OECD 国家大量电力交易存在于俄罗斯联邦、吉尔吉斯斯坦、土库曼斯坦、乌克兰以及一些独联体国家之间，这些国家也与邻国，比如白俄罗斯、摩尔多瓦以及 OECD 欧洲区域进行大量电力交易。波斯尼亚和黑塞哥维那，保加利亚、克罗地亚、罗马尼亚和塞尔维亚之间也存在电力交易。

在南美洲地区，巴拉圭大量水电出口到巴西和阿根廷（2017 年巴拉圭净出口 43.6TW•h），智利和阿根廷的电力交易在中断 4 年后于 2016 年恢复。

在非洲地区，南非出口大量电力至邻国，比如津布巴韦。莫桑比克自 1998 年已经成为净出口国家。2017 年南非净出口电力 6.6TW•h。

在亚洲地区，印度从 2016 年起成为电力净出口国家。湄公河岸一些国家和中国电力交易正在增长。老挝和缅甸是净出口国家，出口水电。中国是亚洲地区主要的电力出口国家，2017 年电力净出口 13.0TW•h。

2.1.4 能源环境

能源消费产生的碳排放在 2018 年增长了 2%，近 7 年来最大增幅。2018 年全球 CO_2 排放量为 336.85 亿 t，同比增加 2%，高于 2008—2018 年年均 1.0% 的增速。2008—2018 年全球 CO_2 排放量及增速如图 2-7 所示。

煤炭消费仍是化石燃料燃烧产生 CO_2 排放的主要来源。2016 年，燃煤排放的 CO_2 为 142.65 亿 t，同比下降 1.7%，占世界 CO_2 排放总量的 44.1%，比 2015 年下降 0.8 个百分点；石油燃烧 CO_2 排放量为 112.32 亿 t，占 34.8%，比

2015 年上升了 0.2 个百分点；天然气燃烧排放 66.05 亿 t，占 20.4%，占比上升 0.5 个百分点。2006—2016 年世界化石燃料燃烧 CO_2 排放分品种构成如图 2-8 所示。

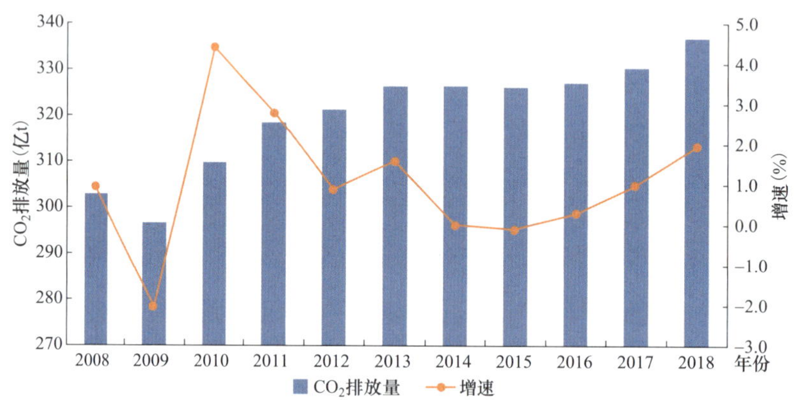

图 2-7　2008—2018 年世界化石燃料燃烧产生的 CO_2 排放量及增速

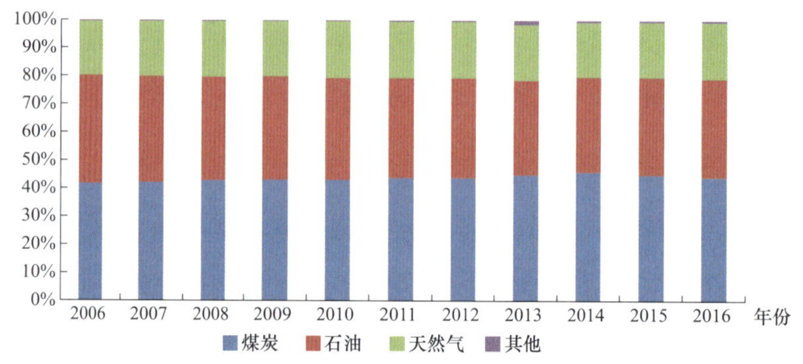

图 2-8　2006—2016 年世界化石燃料燃烧 CO_2 排放分品种构成

2.1.5　世界能源发展特点

(1) 全球经济增速放缓，一次能源消费增长加速。2018 年世界经济增长 3.6%，同比下降 0.2 个百分点。发达经济体经济增速为 2.2%，同比下降 0.2 个百分点；新兴市场与发展中经济体经济增速为 4.5%，同比下降 0.3 个百分点。2018 年全球一次能源消费增长 2.9%，接近过去 10 年 1.5%年均增长率的 2 倍，为 2010 年以来增长最快的一年。

（2）全球一次能源消费增长由天然气和可再生能源引领，世界能源消费持续向低碳清洁能源转型。2018 年全球天然气同比增长 5.3%，是 1984 年以来的最快增速，可再生能源同比增长 14.5%。一次能源消费的增量约有 60%来自于天然气和可再生能源。原油、原煤占比分别同比下降 0.6、0.4 个百分点，核电、水电占比保持不变，天然气、可再生能源占比分别同比上升 0.5、0.4 个百分点。

（3）全球碳排放同比增长 2%。2018 年全球 CO_2 排放量为 336.85 亿 t，同比增长 2%，是 2008—2018 年 1.0%年均增速的 2 倍。煤炭消费仍是化石燃料燃烧产生 CO_2 排放的主要来源。

（4）全球能源投资保持平稳态势，电力连续第三年最大投资领域，储能投资强劲。2018 年全球能源投资超过 1.8 万亿美元，电力行业连续第三年超过石油和天然气，成为最大的投资领域。低碳发电（可再生能源发电和核能发电）投资、电网以及储能投资占电力总投资近 85%。2018 年全球储能投资同比增长 45%，达 40 亿美元。

2.2 主要国家能源行业发展状况

2.2.1 主要国家能源发展状况

（一）一次能源消费

80%左右的能源消费增量来自发展中国家。中国仍是世界上最大的能源消费国，2018 年中国一次能源消费量约 46.77 亿 tce，占世界一次能源消费量的 23.6%；美国居第二位，一次能源消费量 32.87 亿 tce，占世界总量的 16.6%；印度居第三位，一次能源消费量 11.56 亿 tce，占世界总量的 5.8%。2018 年世界十大一次能源消费国所占比例如图 2-9 所示。

世界十大能源消费国中大部分国家能源消费以油气为主，只有中国和印度

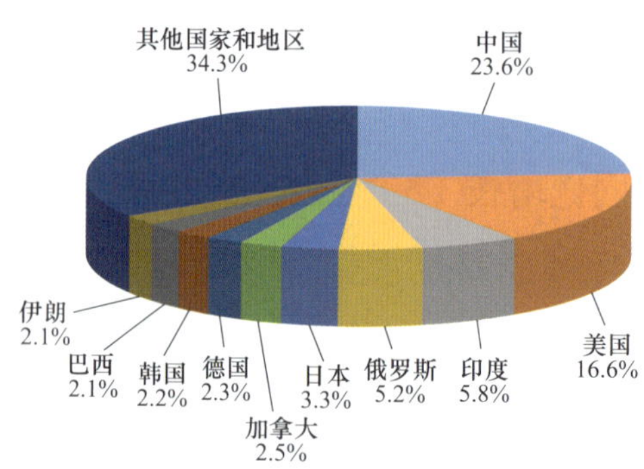

图 2-9　2018 年世界十大一次能源消费国所占比例

以煤炭为主。2018 年，中国一次能源消费中原煤占 58.2%，石油和天然气合计占 27.0%；印度一次能源消费中原煤占 55.9%，石油和天然气合计占 35.7%；俄罗斯一次能源消费中天然气所占比重较大，为 54.2%。美国油气合计比重达到 70.5%，日本、加拿大、德国、巴西和韩国也均超过 55%。伊朗天然气占比 67.9%，石油占比 30.2%，油气比重高达 98.1%。2018 年世界主要国家一次能源消费结构如图 2-10 所示。

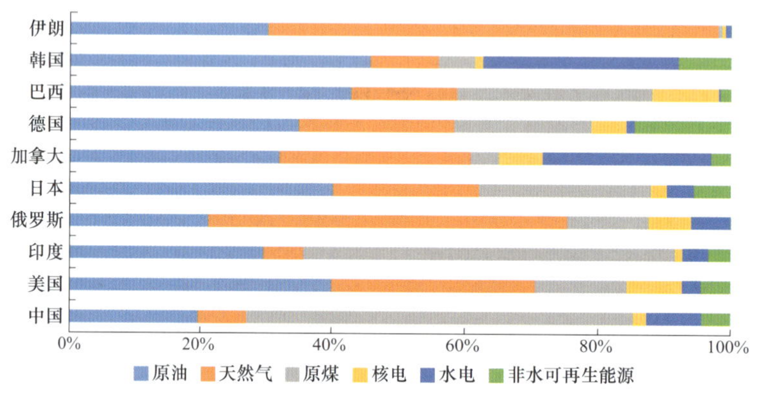

图 2-10　2018 年世界主要国家一次能源消费结构

2018 年，中国是世界最大的煤炭消费国，煤炭消费量为 27.24 亿 tce，占世界原煤总消费量的 50.5%；煤炭消费增长主要来自印度，OECD 国家煤炭消费连续第五年下降。煤炭消费降幅量最大的仍是美国（2043 万 tce），降幅加大。加拿大煤炭消费下降 22.5%，刷新历史纪录最低值。2018 年世界十大原煤消费国消费量所占比例如图 2-11 所示。

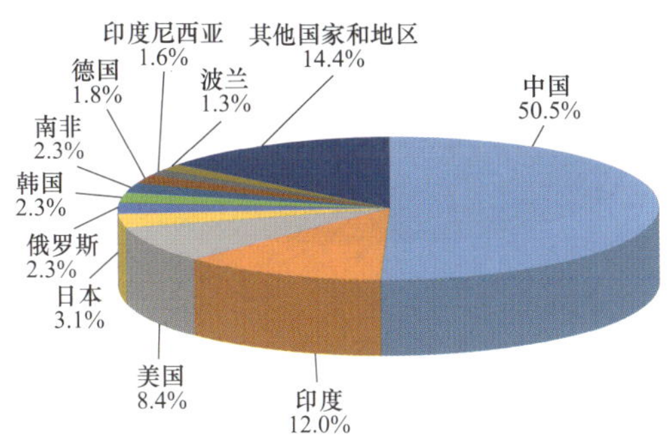

图 2-11 2018 年世界十大原煤消费国消费量所占比例

2018 年，美国是世界上最大的原油消费国，消费量约 8.93 亿 t，占世界总量的 19.7%；中国原油消费量居世界第二位，约 6.28 亿 t，占世界总量的 13.9%；印度为世界第三大原油消费国，为 2.37 亿 t，占世界总量的 5.2%。2018 年世界十大原油消费国所占比例如图 2-12 所示。

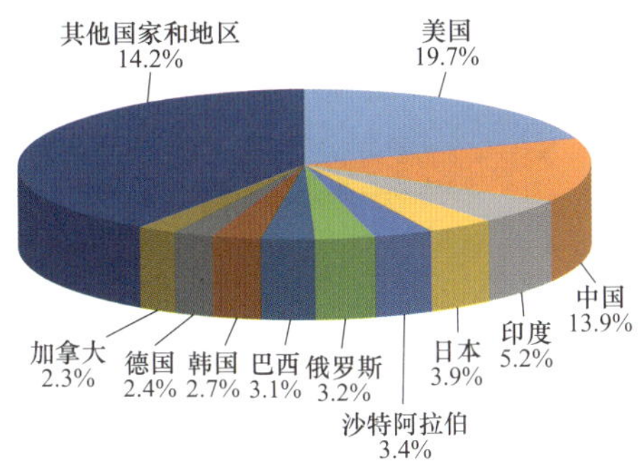

图 2-12 2018 年世界十大原油消费国所占比例

2018 年，美国是世界上最大的天然气消费国，消费量 8171 亿 m^3，占世界总量的 21.2%；其次为俄罗斯和中国，消费量分别为 4545 亿 m^3 和 2830 亿 m^3。2018 年全球天然气消费增长主要来自美国（780 亿 m^3）、中国（430 亿 m^3）、俄罗斯（230 亿 m^3）、伊朗（160 亿 m^3），贡献了全球 80%增长。2018 年世界十大天然气消费国所占比例如图 2-13 所示。

2018 年，美国是世界上第一核电大国，核电发电量 8496 亿 kW·h，占世界

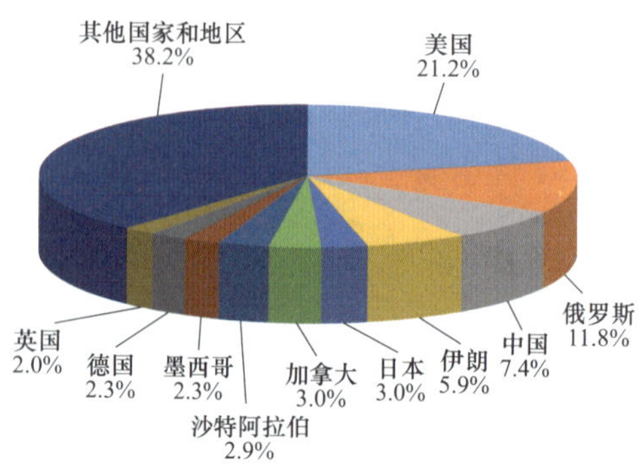

图 2 - 13　2018 年世界十大天然气消费国所占比例

总量的 31.4%；法国位居第二位，核电发电量 4132 亿 kW•h，占世界总量的 15.3%；中国位居第三，核电发电量 2944 亿 kW•h，占世界总量的 10.9%。2018 年世界十大核电国如图 2 - 14 所示。

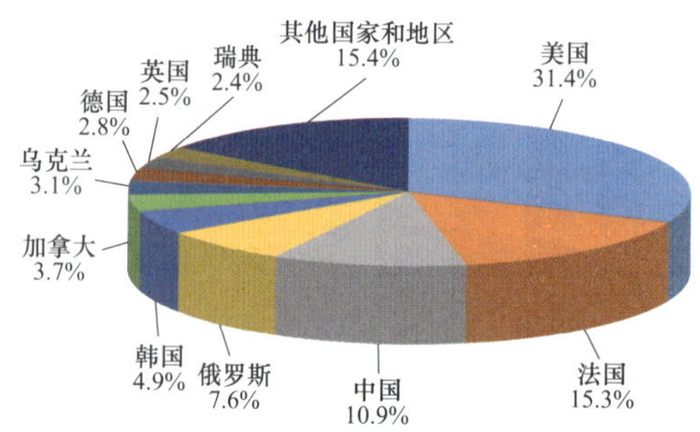

图 2 - 14　2018 年世界十大核电国所占比例

2018 年，中国是世界第一水电大国，水电发电量 12 024 亿 kW•h，占世界总量的 28.7%；其次是巴西，水电发电量 3877 亿 kW•h，占世界总量的 9.2%；加拿大为世界第三，水电发电量 3873 亿 kW•h，占世界总量的 9.2%。2018 年世界十大水电国所占比例如图 2 - 15 所示。

2018 年，中国是全球最大的非水可再生能源消费国。亚太地区是最大的非水可再生能源消费区，在全球消费量的占比为 40.2%。2018 年，中国非水可再生能源消费量 2.05 亿 tce，占世界总量的 25.6%，居全球第一；美国非水可再生能源消费量 1.48 亿 tce，占世界总量的 18.5%，居全球第二；德国位居第

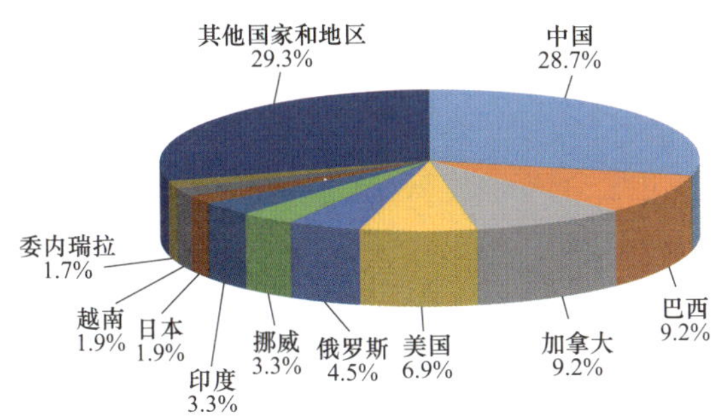

图 2-15　2018 年世界十大水电国所占比例

三，非水可再生能源消费量 0.68 亿 tce，占世界总量的 8.4%。2018 年世界十大非水可再生能源消费国所占比例如图 2-16 所示。

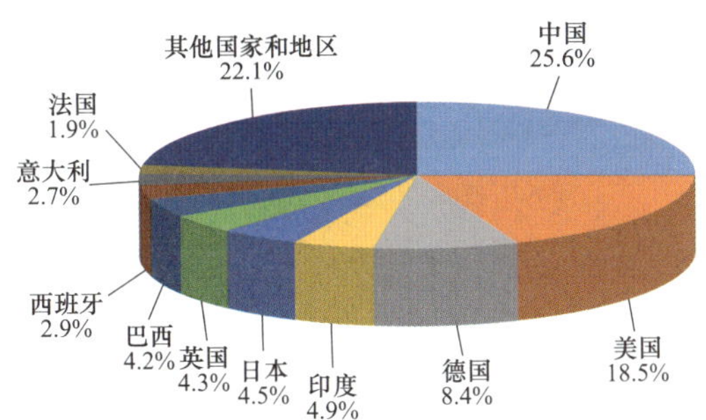

图 2-16　2018 年世界十大非水可再生能源消费国所占比例

（二）终端能源消费

2017 年，世界十大终端煤炭消费国中，中国终端煤炭消费量 9.49 亿 tce，占世界总量的 65.2%，是世界第一的煤炭消费国；印度为 1.45 亿 tce，占世界总量的 9.9%；俄罗斯为 0.38 亿 tce，占世界总量的 2.6%。2017 年世界十大终端煤炭消费国所占比例如图 2-17 所示。

2017 年，世界十大终端石油消费国中，美国终端石油消费量最高，达到 10.68 亿 tce，占世界总量的 18.8%；中国为 7.4 亿 tce，占世界总量的 13.0%；日本为 2.16 亿 tce，占世界总量的 3.8%。2017 年世界十大终端石油消费国所占比例如图 2-18 所示。

2017 年，世界十大终端天然气消费国中，美国终端天然气消费量最高，达

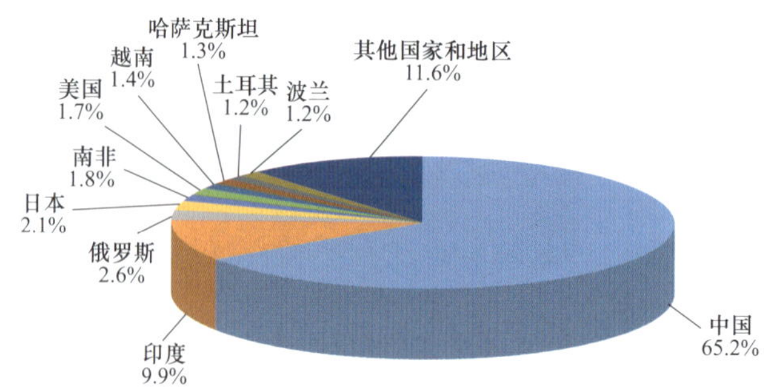

图 2-17　2017 年世界十大终端煤炭消费国所占比例

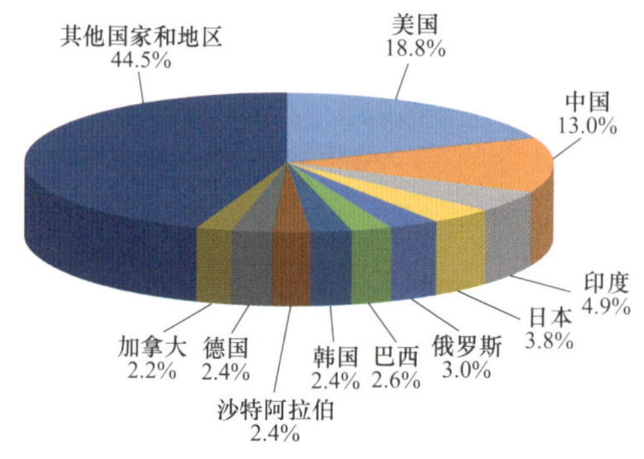

图 2-18　2017 年世界十大终端石油消费国所占比例

到 4.95 亿 tce，占世界的 23.1%；俄罗斯位居世界第二，为 2.36 亿 tce，占世界的 11.0%；中国为 1.89 亿 tce，占世界总量的 8.8%。2017 年世界十大终端天然气消费国所占比例如图 2-19 所示。

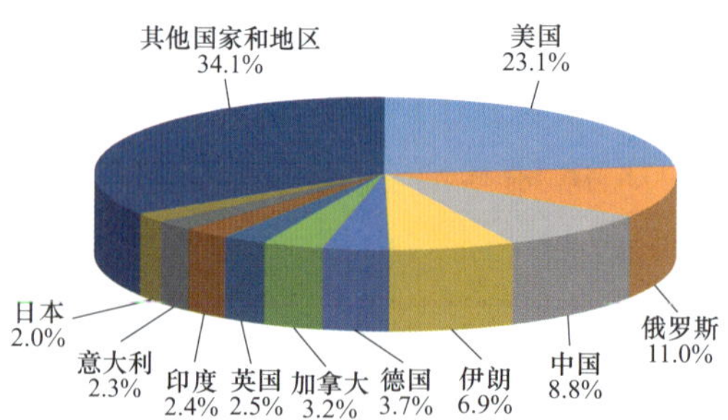

图 2-19　2017 年世界十大终端天然气消费国所占比例

2017 年，发达国家终端能源消费以油气为主，中国煤炭终端消费在世界能源消费大国中比重最高。加拿大、美国油气消费在其终端能源消费中比重超过

70%。日本、韩国石油消费在其终端能源消费中的比重超过50%。美国、俄罗斯、德国、加拿大和伊朗天然气消费在其终端能源消费中的比重超过20%。印度生物质等其他能源利用较多，油气比重仅为39.7%。中国煤炭终端消费占其终端消费总量的33.2%，远高于其他国家。2017年世界主要能源消费国终端能源分品种消费结构对比如图2-20所示。

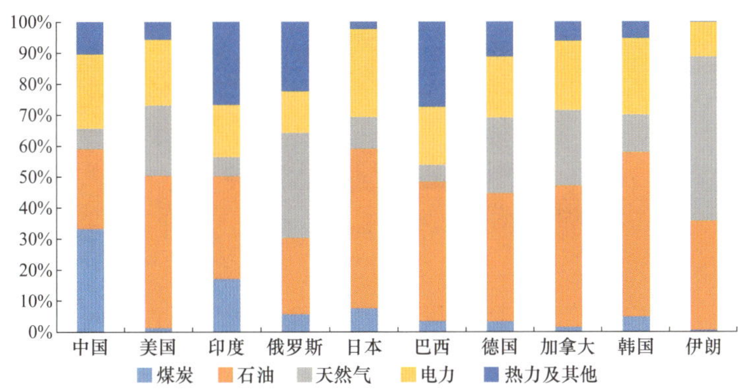

图2-20　2017年世界十大能源消费国终端能源消费分品种构成

（三）能源生产

2018年，中国是世界第一大煤炭生产国，2018年煤炭产量36.83亿t，占世界的比重为46.0%；其次为印度，产量7.65亿t，占世界的比重为9.5%；美国煤炭产量6.85亿t，占世界的比重为8.6%。2018年世界十大原煤生产国占比如图2-21所示。

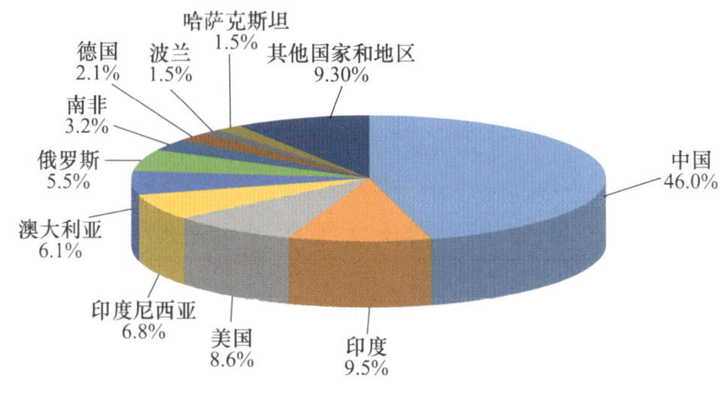

图2-21　2018年世界十大原煤生产国占比

2018年，美国是全球最大石油生产国。石油输出国组织（OPEC）总产量

18.54 亿 t，同比下降 1.0%，占世界总量的 41.4%。中东石油产量增长主要来自沙特阿拉伯和伊拉克，伊朗石油产量大幅下降，同比下降 6.5%；中东以外的其他地区石油产量增长最大的是美国、加拿大和俄罗斯。2018 年世界十大石油生产国所占比例如图 2-22 所示。

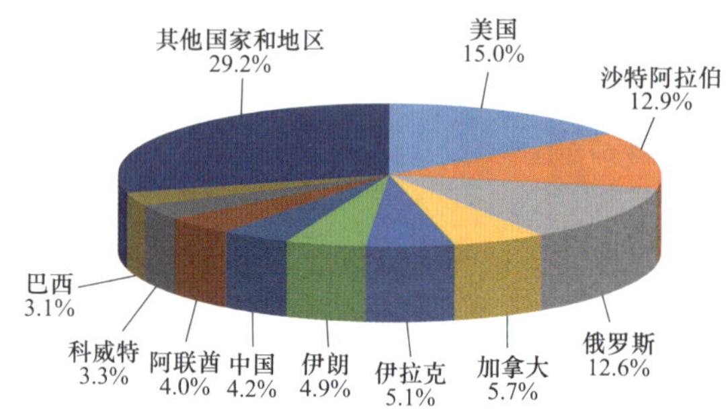

图 2-22　2018 年世界十大石油生产国所占比例

2018 年，美国是世界最大的天然气生产国。2018 年美国天然气产量 8318 亿 m^3，占世界的比重为 21.5%；其次是俄罗斯和伊朗，天然气产量分别为 6695 亿 m^3 和 2395 m^3，占世界的比重分别为 17.3%和 6.2%。2018 年世界十大天然气生产国所占比例如图 2-23 所示。

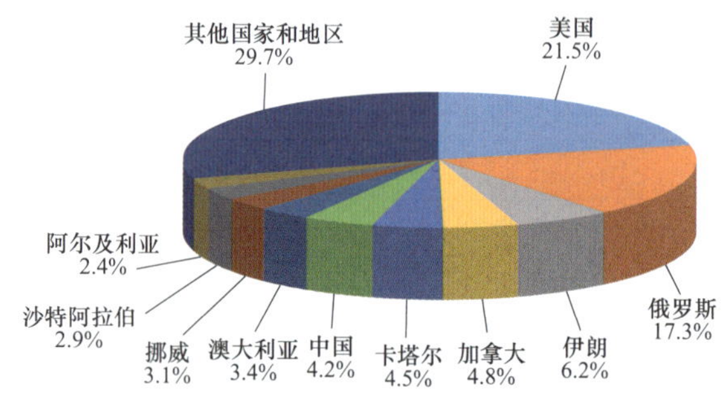

图 2-23　2018 年世界十大天然气生产国所占比例

2018 年，美国、法国、中国分别为世界前三大核电国。美国核电发电量 8496 亿 kW·h，占世界的 31.4%；法国核电发电量 4132 亿 kW·h，占世界的 15.3%；中国核电发电量 2944 亿 kW·h，占世界的 10.9%，是三大国中增幅最高的国家。此外，日本是全球增幅最高国家，2018 年核电发电量 491 亿 kW·h，增幅达68.9%。2018年世界十大核电国所占比例如图2-24所示。

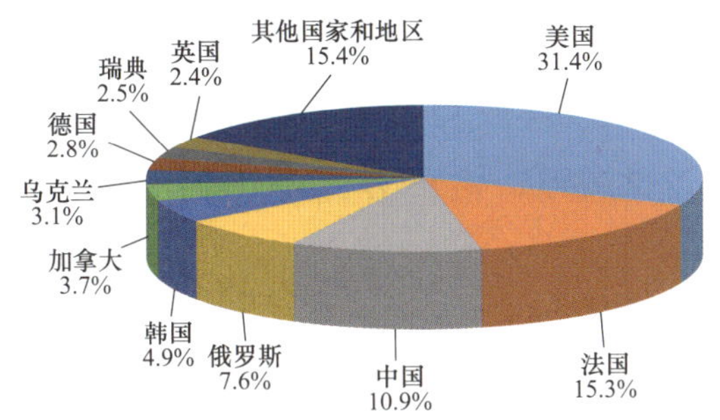

图2-24　2018年世界十大核电国所占比例

2018年，中国是全球第一水电大国。中国水电发电量12 024亿kW·h，已接近北美和欧洲的总和，占世界的比重为28.7%；前十的水电国中，越南增幅最大，同比增长13.9%。2018年世界十大水电国所占比例如图2-25所示。

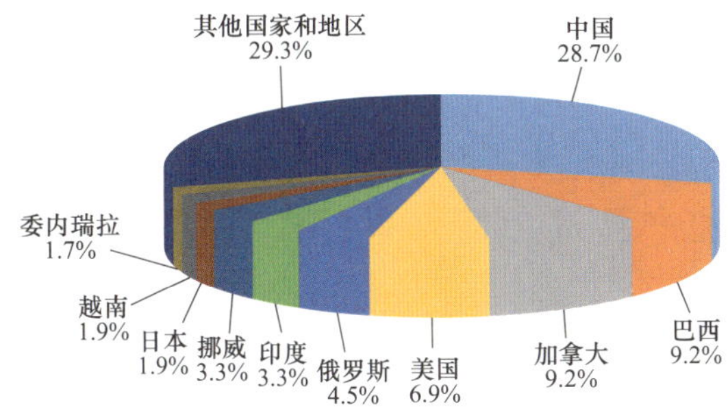

图2-25　2018年世界十大水电国所占比例

（四）能源贸易

2018年部分国家（地区）原油进口和出口情况见表2-2。

从石油进口量看，欧洲、中国、美国、印度和日本是主要的原油进口国(地区)，进口量合计占世界进口总量的77.2%。2018年，欧洲石油进口量7.44亿t，同比上升2.9%，占世界石油进口总量的21.2%，与去年持平；美国进口量4.90亿t，同比下降2.2%，占世界总量的14.0%；中国进口量5.46亿t，同比上升7.7%，占世界石油进口总量的15.6%；印度进口量2.59亿t，同比上升5.4%，占世界石油进口总量的7.4%。

从石油出口量看，中东地区、俄罗斯、西非、中南美洲和加拿大是主要的原油出口地区，出口量合计占世界出口总量的 81.0%。2018 年，中东石油出口量 12.18 亿 t，同比增长 0.5%，占世界石油出口总量的 34.8%；俄罗斯出口量 4.49 亿 t，同比增长 2.0%，占世界石油出口总量的 12.8%；美国出口量 3.45 亿 t，同比增长 22.3%，占世界石油出口总量的 9.9%。

表 2-2　2018 年部分国家（地区）原油出口和进口情况　亿 t

出口量		进口量	
中东地区	9.89	欧洲	5.19
俄罗斯	2.76	美国	3.86
西非	2.20	中国	4.65
中南美洲	1.57	印度	2.28
加拿大	1.91	日本	1.51

美国、中东地区、俄罗斯、欧洲和新加坡是主要的石油产品出口国（地区），出口量合计占世界出口总量的 70.8%。欧洲、新加坡、中南美洲、美国和中国是主要的石油产品进口国（地区），进口量合计占世界进口总量的 51.1%。2018 年部分国家（地区）石油产品进口和出口量见表 2-3。

表 2-3　2018 年部分国家（地区）石油产品出口和进口情况　亿 t

出口量		进口量	
美国	2.52	欧洲	2.24
中东	2.28	新加坡	1.15
俄罗斯	1.73	中南美洲	1.07
欧洲	1.34	美国	1.04
新加坡	0.90	中国	0.82

世界管道天然气主要出口国是俄罗斯、挪威、加拿大、美国和阿尔及利亚，合计出口量 5211 亿 m^3，占世界总量的 64.7%。管道天然气主要进口国是德国、美国、意大利、中国和墨西哥，合计进口量 2821 亿 m^3，占世界总进口量的 35.0%。LNG 主要出口国是卡塔尔、澳大利亚、马来西亚、美国和尼日利

亚，合计出口量 2859 亿 m^3，占世界出口总量的 66.3%。LNG 主要进口国家（地区）是日本、中国、韩国、印度和西班牙，合计进口量 3151 亿 m^3，占世界进口总量的 73.1%。2018 年世界主要天然气出口和进口国家情况见表 2-4。

表 2-4　2018 年世界主要天然气出口和进口国家情况　亿 m^3

出口		进口	
国家（地区）	出口量	国家（地区）	进口量
俄罗斯	2479	中国	1214
卡塔尔	1250	德国	1180
挪威	1209	日本	1130
美国	960	美国	794
加拿大	772	意大利	642
阿尔及利亚	524	韩国	602
荷兰	325	土耳其	491

2018 年主要电力进口国有美国、意大利、芬兰、英国和比利时，净进口电量在 173 亿～456 亿 kW•h 之间；**主要电力出口国有法国、德国、加拿大、瑞典和捷克**，净出口电量在 139 亿～633 亿 kW•h 之间；**交换电量较大的国家有德国、法国、加拿大、美国和意大利**，交换电量在 504 亿～1119 亿 kW•h 之间。

2018 年，美国电量进出口总量下降了 17.1%。德国再次成为 OECD 国家最大的电力出口国，出口电量 802 亿 kW•h，法国是最大电力净出口国，净出口电量 633 亿 kW•h。

部分国家 2018 年净进口和交换电量如图 2-26 所示。

（五）能源环境

2018 年，美国碳排放在连续三年下降后首次增加。美国 CO_2 排放增加 1.29 亿 t，仍是 2000 年以来全球减排量最大的国家，同比上升 2.6%；中国 CO_2 排放增加 1.99 亿 t，带来全球最大的排放增量，同比上涨 2.2%；俄罗斯 CO_2 排放增加 0.62 亿 t，同比上升 4.2%；英国、日本延续了下降趋势，分别减排 0.09 亿 t 和 0.23 亿 t。欧盟 CO_2 减排 0.70 亿 t，同比下降 2.0%，连续三年增加后首次下降。

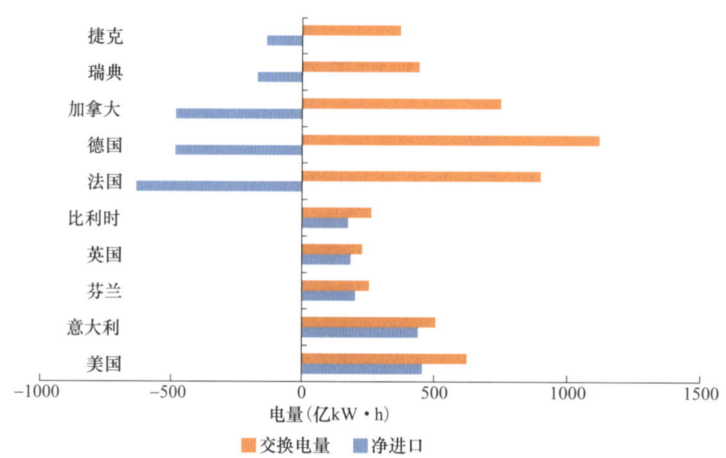

图 2-26 部分国家 2018 年电力净进口量和交换电量

美国主要污染物排放量持续下降。 2018 年美国 NO_x 排放量 1033 万 t，同比下降 4.2%；SO_2 排放总量 274 万 t，同比下降 2.8%；CO 排放总量 5815 万 t，同比下降 3.3%。2010—2018 年美国主要污染物排放情况见表 2-5。

表 2-5　2010—2018 年美国主要污染物排放情况　万 t

污染物	2010 年	2011 年	2012 年	2013 年	2014 年	2015 年	2016 年	2017 年	2018 年
CO	7377	7376	7180	6983	6565	6457	6196	6011	5815
SO_2	773	648	508	487	468	369	296	282	274
NO_x	1485	1452	1388	1324	1260	1185	1131	1078	1033

数据来源：美国环保部，National Emissions Inventory Air Pollutant Emissions Trend Data，2019.

发展中国家可吸入颗粒物（PM2.5）浓度是发达国家的 4～10 倍。 美国、日本、德国、法国、英国、加拿大等发达国家 2017 年 PM2.5 浓度均低于 20μg/m³。中国 PM2.5 浓度达到 69.5μg/m³；印度为 95.8μg/m³。2010—2017 年世界主要国家大气中可吸入颗粒物（PM2.5）浓度如表 2-6 所示。

表 2-6　2010—2017 年世界主要国家大气中可吸入颗粒物（PM2.5）浓度　μg/m³

国家	2010 年	2011 年	2012 年	2013 年	2014 年	2015 年	2016 年	2017 年
美国	9.4	9.7	9.0	8.7	8.2	8.1	7.4	9.4
中国	69.5	70.5	63.8	65.5	59.8	59.1	52.2	69.5

续表

国家	2010 年	2011 年	2012 年	2013 年	2014 年	2015 年	2016 年	2017 年
日本	14.1	14.1	13.1	13.4	12.6	12.7	11.6	14.1
德国	15.2	14.7	13.6	13.2	12.8	12.8	11.9	15.2
法国	14.8	14.9	13.8	13.6	12.3	12.7	11.9	14.8
巴西	16.0	15.9	15.3	14.6	14.0	13.6	12.7	16.0
英国	12.3	12.8	11.8	11.6	10.8	10.8	10.5	12.3
意大利	19.0	20.0	18.1	17.8	17.8	17.9	16.5	19.0
加拿大	8.4	8.6	8.1	7.8	7.4	7.2	6.5	8.4
俄罗斯	19.5	19.2	18.3	17.8	16.6	17.0	16.2	19.5
印度	95.8	97.6	88.2	91.8	89.6	89.3	89.7	95.8
西班牙	11.3	12.0	11.1	10.7	10.1	10.4	9.7	11.3

数据来源：世界银行（WB）数据库。

2.2.2 中国能源发展状况及特点

2018 年中国占全球一次能源消费量的 24%和全球能源消费增长的 34%，连续 18 年稳居全球能源消费增长榜首。2018 年，中国能源消费增速由 2017 年的 3.3%增长至 4.3%，达 2012 年来最高增速，过去十年的平均增速为 3.9%。2018 年，中国仍然是世界上最大的能源消费国。

中国煤炭消费连续第二年增长，化石能源消费增长主要由天然气和石油引领。2018 年中国煤炭消费增长 0.9%，天然气增长 18%，石油增长 8.3%。尽管煤炭仍是中国主要一次消费能源，但 2018 年占比为 58%，创历史新低。煤炭供给量继续上升，同比增长 4.7%，在国内巨大能源需求的驱动下，中国连续第二年扩大煤炭进口规模。2018 年中国成为全球第一大油气进口国，石油对外依存度达 69.8%，天然气对外依存度为 45.3%，能源安全风险的担忧继续上升。

中国可再生能源消费同比增长 29%，是全球最大的可再生能源消费大国。2018 年，中国可再生能源消费占全球总量的 25.6%，居全球第一。其中，太阳能发电消费增长最快（+76%），其次是生物质能发电（+25%）和风力发电（+21%），水电仅增长了 0.5%，为 2012 年以来最低增速。

全球核能发电增量的 74%来自中国。2018 年中国核能发电量增长 19%，超过近十年平均增速（+15%）。

中国碳排放增长 2.2%，仍是全球二氧化碳排放总量和年度增量最大的国家。2018 年中国 CO_2 排放增加 1.99 亿 t，带来全球最大的排放增量，同比上涨 2.2%；相较于近五年平均增速（0.5%）呈现显著反弹。

中国电力烟尘、SO_2 和 NO_x 排放量大幅下降。2018 年，全国电力烟尘、二氧化硫、氮氧化物排放量分别约为 21 万、99 万、96 万 t，分别比上年下降约为 19.2%、17.5%、15.8%；每千瓦时火电发电量烟尘、二氧化硫、氮氧化物排放量约为 0.04、0.20、0.19g，分别比上年下降 0.02、0.06、0.06g。截至 2018 年年底，达到超低排放限值的煤电机组约 8.1 亿 kW，约占全国煤电总装机容量 80%；东部、中部地区基本实现超低排放改造，河南、安徽、甘肃等省份提前完成超低排放改造目标。

2018 年，全国 388 个地级以上城市 PM2.5 和 PM10 平均浓度分别为 41μg/m³ 和 78μg/m³，分别比 2017 年下降 6.8%和 2.5%。PM2.5 日均值超标天数占监测天数的比例为 9.4%；PM10 日均值超标天数占监测天数的比例为 6.0%。2018 年 388 个地级以上城市可吸入颗粒物不同浓度区间城市比例如图 2－27 所示。

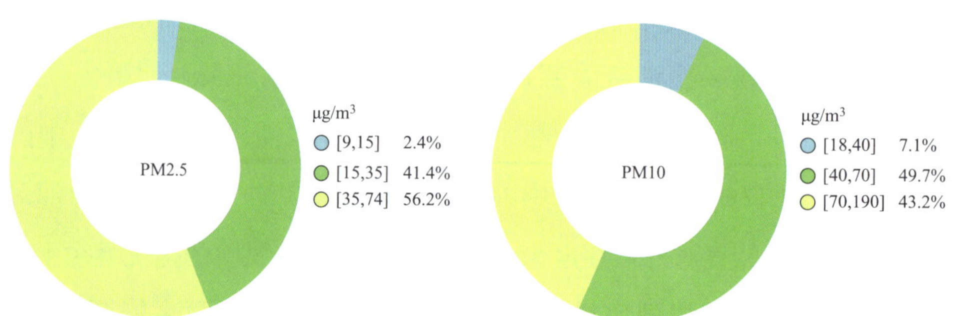

图 2－27　2018 年 388 个地级以上城市可吸入颗粒物不同浓度区间城市比例

数据来源：2018 中国环境状况公报。

2.3 能源发展关键指标

2.3.1 人均一次能源消费量

发达国家人均一次能源消费量和发展中国家差距仍然明显。2017 年，世界人均一次能源从消费量为 2.65tce，略高于 2016 年的 2.64tce，1980—2017 年年均增长 0.4%。OECD 国家人均一次能源消费量为 5.86tce，1980—2017 年年均增速为负；非 OECD 国家人均一次能源消费量为 1.89tce，1980—2017 年年均增长 1.2%。

在世界能源消费大国中，加拿大人均一次能源消费量最高，为 11.30tce；美国、韩国和俄罗斯仅次于加拿大，分别为 9.45、7.84tce 和 7.24tce；德国、法国、日本在 4～6tce 之间；印度人均水平较低，仅为 0.94tce。中国人均为 3.15tce，仅为美国的三分之一。2017 年世界主要国家人均一次能源消费量如图 2-28 所示。

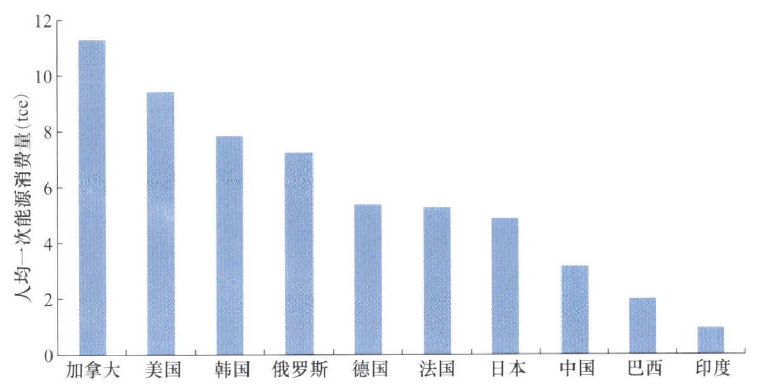

图 2-28　2017 年世界主要国家人均一次能源消费量

2.3.2 能源对外依存度

由于能源资源禀赋、能源消费、能源战略等不同，各国能源对外依存度也存在较大差异[❶]。**总体来看，发达国家能源对外依存度高于发展中国家**。2017年，在世界十大能源消费国中，俄罗斯、加拿大是能源净出口国家，对外依存度为负；巴西、美国、中国能源对外依存度分别为1.2%、8.1%和21.6%，较去年有所上升；印度能源对外依存度为37.4%；法国、德国、韩国、日本能源对外依存度均超过50%；日本对外依存度最高，超过90%。2017年世界主要国家能源对外依存度如图2-29所示。

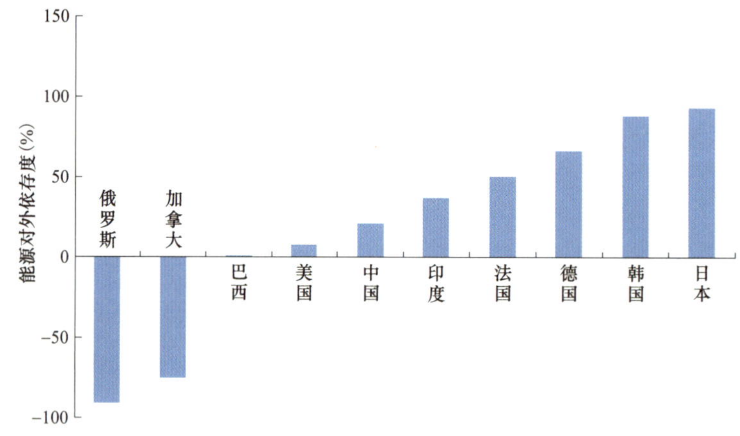

图2-29　2017年世界主要国家能源对外依存度

2018年中国油气资源的对外依存度继续攀升，石油对外依存度达到69.8%，为历史最高值[❷]。2018年，中国国内石油净进口量约为4.4亿t，同比增长11%，石油对外依存度升至69.8%。原油产量止跌回稳，估计年产1.89亿t，同比下降1%，跌幅明显收窄。天然气进口量1254亿m^3，同比增长31.7%，对外依存度升至45.3%，较2017年增加6.2个百分点。

2.3.3　单位产值能耗

2017年世界单位产值能耗为0.249tce/千美元（标准煤，按汇率计算，2010年美元不变价，下同），与2016年相比略有下降。发达国家单位产值能耗普遍

❶ 能源对外依存度=能源净进口量/能源消费量。

❷ 数据来源于《2018年国内油气行业发展状况》。

低于发展中国家。OECD 国家单位产值能耗为 0.149tce/千美元，非 OECD 国家为 0.407tce/千美元。

在世界能源消费大国中，俄罗斯能源资源丰富，且供暖能源消耗较多，因而单位产值能耗最高，为 0.623tce/千美元。中国单位产值能耗 0.421tce/千美元，是全球平均水平的 1.7 倍左右，随着技术进步和产业结构调整，中国单位产值能耗水平快速下降，十年间单位产值能耗下降超过 30%。发达国家中，法国、德国、日本单位产值能耗最低，仅为 0.1tce/千美元左右。韩国相对较高，为 0.300tce/千美元，略高于世界平均水平。2017 年世界主要国家单位产值能耗如图 2-30 所示。

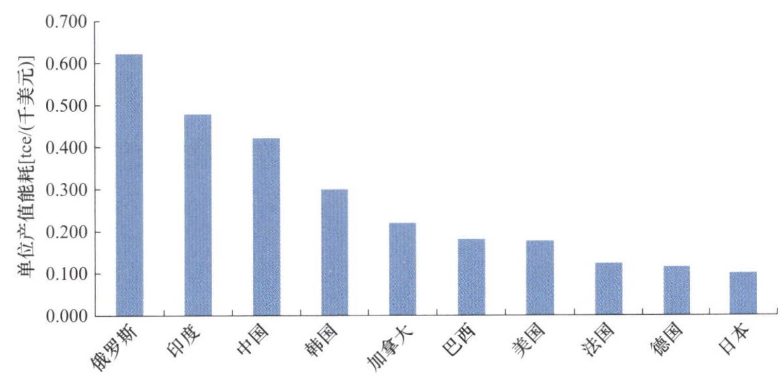

图 2-30　2017 年主要国家单位产值能耗

2.3.4　碳排放强度

2017 年世界碳排放强度为 0.41kg CO_2 /美元，与 2016 年相比下降 2.4%。 OECD 国家碳排放强度为 0.23kg CO_2/美元，与去年持平。非 OECD 国家为 0.69kg CO_2/美元，同比下降 0.01kg CO_2/美元。非 OECD 国家的碳排放强度仍是 OECD 国家的近 3 倍。2017 年世界主要国家（地区）单位产值 CO_2 排放量如图 2-31 所示。

在全球能源消费大国中，俄罗斯超过中国，碳排放强度最高，为 0.92kg CO_2/美元。其次为中国、印度和韩国，分别为 0.89kg CO_2/美元、0.82kg CO_2/美元和 0.45kg CO_2/美元；德国、日本、巴西均约为 0.19kg CO_2/美元，

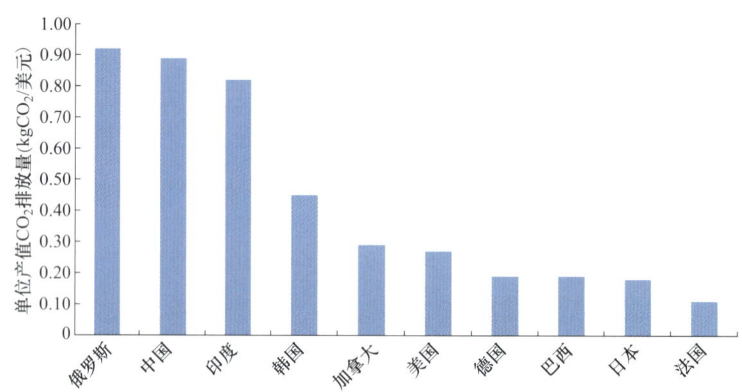

图 2-31　2017 年世界主要国家碳排放强度

低于世界平均水平的二分之一；法国最低，仅为 0.11kg CO_2/美元。

中国碳排放强度十年间下降了超过三分之一。2007 年，中国碳排放强度高达 1.36kg CO_2/美元，是德国、日本的 6 倍，是美国的 3 倍。2017 年，中国碳排放强度下降到 0.89kg CO_2/美元，十年间下降了超过 34%，是碳排放强度下降幅度最大的国家，中国与德国、日本、美国等发达国家碳排放强度的差距而也在十年间缩小了一半以上。

3

国内外电力发展状况分析

3.1 世界电力行业发展状况

3.1.1 电力消费

2018 年，世界电力消费量约为 22.0 万亿 kW·h，同比增长 3.1%。根据 GlobalData 数据统计，2018 年世界电力消费量约为 22.0 万亿 kW·h，同比增长 3.1%，增速较 2017 年下降 0.3 个百分点。2000—2018 年世界电力消费量变化情况如图 3-1 所示。

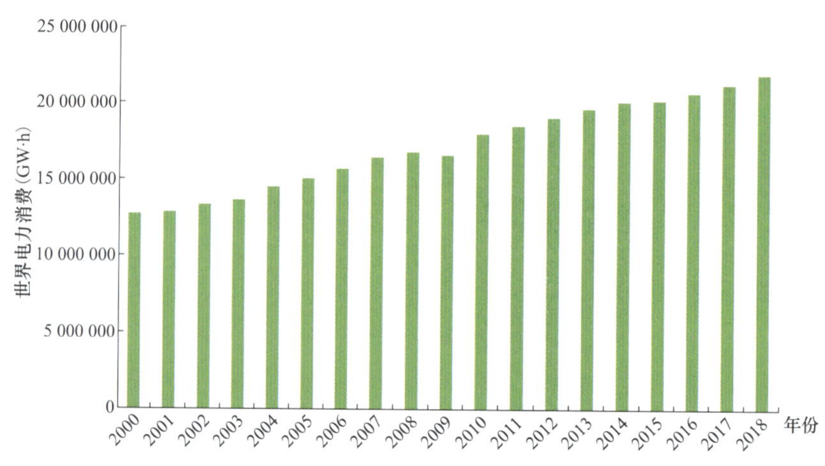

图 3-1　2000—2018 年世界电力消费量变化情况

2018 年，发达国家电力消费持续回升，同比增长 1.9%。据 IEA 快报统计[❶]，2018 年 OECD 国家电力消费量为 9.90 万亿 kW·h，同比增长 1.9%。其中，美国为 39 545 亿 kW·h，同比增长 3.2%；韩国为 5346 亿 kW·h，同比增长 3.1%；加拿大电力消费量为 5400 亿 kW·h，同比增长 1.8%；德国为 5411 亿 kW·h，同比增长 1.2%；法国为 4573 亿 kW·h，同比增长 1.0%；意大利为 3011 亿 kW·h，同比增长 0.6%；英国为 3053 亿 kW·h，同比增长 0.4%；日本

❶ 采用 IEA 快报中的国内供电量，含线损，不含厂用电，与 IEA 电力消费量定义有所区别。

为9892亿kW·h，同比增长0.2%。

世界电力消费以工业用电为主。2017年，世界电力消费仍以工业用电为主，约占总用电量的41.9%，其次为居民生活用电，约占27.0%，商业服务业用电占21.7%，交通用电占1.7%，其他（包括农业、农林、渔业等）占7.7%，如图3-2所示。

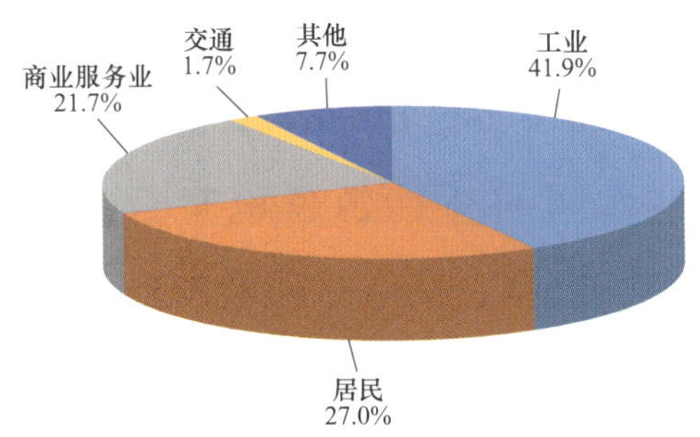

图3-2　2017年世界电力消费分行业构成

3.1.2　电力生产

（一）装机容量

2018年世界发电装机同比增长3.7%，达70.93亿kW，仍以火电为主。其中，火电装机42.02亿kW，占比59.2%；水电装机12.47亿kW，占比17.6%；非水可再生能源发电装机12.46亿kW，占比17.6%；核电装机3.99亿kW，占比5.6%。

世界电源结构进一步向低碳方向发展。2000—2018年，世界火电装机占总装机的比重下降6.6个百分点，水电比重下降4.4个百分点，核电比重下降4.6个百分点，风电等非水可再生能源发电比重增加15.2个百分点。

全球风电装机持续增长。2018年，全球风电装机5.95亿kW，同比增长1.8%。分区域看，亚太地区风电装机2.62亿kW，全球占比44.03%；欧洲1.89亿kW，全球占比31.76%；北美1.14亿kW，全球占比19.26%。分国家看，中国风电装机1.84亿kW❶，位居全球第一；其次为美国，约9636万kW；

❶ 中国装机、发电量数据来自中电联，下同。

德国位居第三，约 5903 万 kW。

全球光伏发电新增装机容量 0.91 亿 kW，维持在较高水平。与 2017 年相比，光伏发电装机总量增加了 23%，累计达到 4.9 亿 kW。中国光伏发电装机 17 463 万 kW，位居全球第一；美国光伏发电装机 6358 万 kW，位居第二；日本位居第三，为 5625 万 kW。

（二）发电量

2018 年全球发电量约 26.6 万亿 kW·h，同比增长 3.7%。从发电量结构看，火电、水电、核电、非水可再生能源发电量分别占总发电量的 64.2%、15.8%、10.2%和 9.3%；火电、核电、水电发电量比重同比分别下降 0.6、0.1、0.1 个百分点，非水可再生能源发电量比重增加 0.9 个百分点。2018 年全球发电量构成如图 3 - 3 所示。

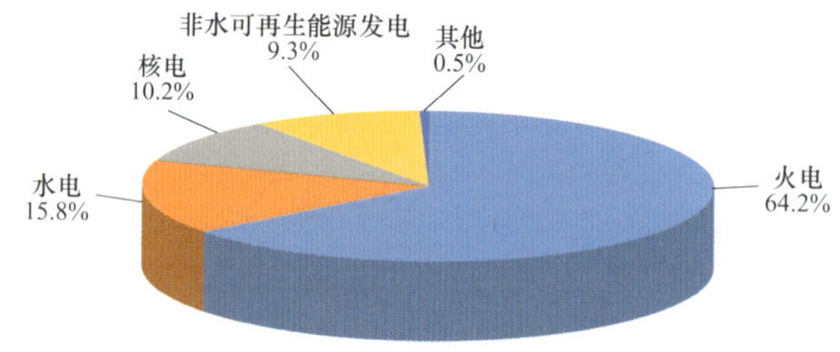

图 3 - 3　2018 年全球发电量构成

天然气发电首次超过燃煤发电。IEA 对月度数据的评估显示，2018 年，OECD 国家电力生产总量 111 730 亿 kW·h，同比增加 1.1%，可燃性燃料占比 58.6%，其中：燃煤发电占比 25.6%；天然气发电占比 27.9%，首次超过燃煤发电，占比最高；燃油发电占比 1.8%，生物质发电和垃圾发电占比 3.3%。核电占比 17.7%，占比近 1/5；水电占比 13.4%，非水可再生能源发电占比 10.4%。2018 年 OECD 国家分燃料类型发电量占比如图 3 - 4 所示。

分区域看，OECD 国家发电量普遍增长。**2018 年，**经合组织亚太区域增长 132 亿 kW·h，同比增长 0.7%；经合组织欧洲区域增长 184 亿 kW·h，同比增长 0.5%；经合组织美洲区域增长最多，为 1634 亿 kW·h，同比增长 3.2%。对

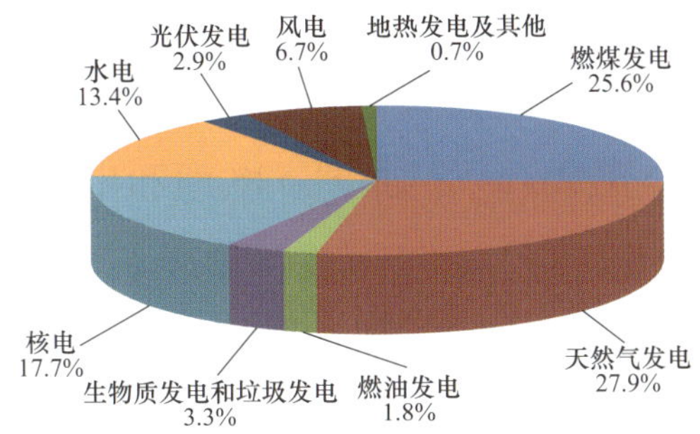

图 3-4　2018 年 OECD 国家分燃料类型发电量占比

增长贡献最大的 5 个经合组织国家分别为美国、日本、俄罗斯、加拿大和巴西。

3.1.3　发电成本

一、化石能源

（一）燃煤发电

2018 年，全球燃煤发电项目单位千瓦平均投资成本为 968 美元/kW[1]。2010—2018 年，除 2015 年成本在 900 美元以下，其余年份全球煤电成本在相对稳定的水平上下波动。2010—2018 年煤电项目单位千瓦投资成本变化情况见图 3-5。

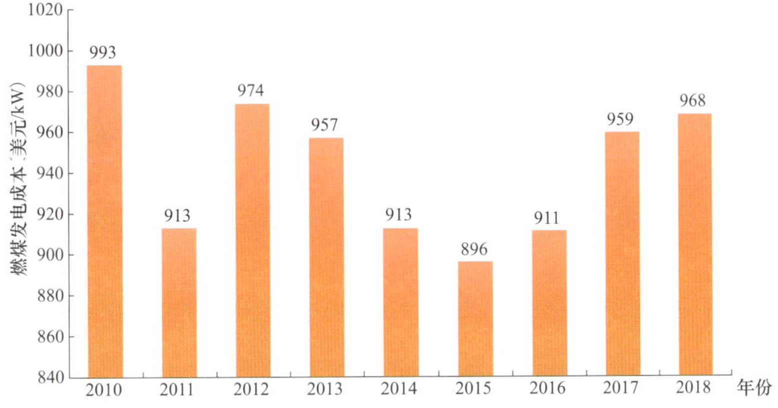

图 3-5　2010—2018 年全球燃煤发电成本变化趋势

[1] 数据来源：GlobalData，下同。

分地区来看，各地区 2018 年燃煤发电成本与 2017 年相比降幅很小。美洲地区燃煤发电成本为 1911 美元/kW，其中阿根廷、智利、美国燃煤发电成本较高，均超过 2000 美元/kW；非洲、欧洲和中东地区燃煤发电成本为 2157 美元/kW，其中捷克、芬兰、英国成本较高，均超过 2800 美元/kW，捷克达到 3466 美元/kW，意大利、法国、德国在 2200 美元/kW 左右，南非低于 2100 美元/kW；亚太地区燃煤发电成本较低，为 1335 美元/kW 左右，其中中国最低，为 669 美元/kW，日本最高，超过 2700 美元/kW。

（二）燃油发电

2018 年，全球燃油发电项目单位千瓦平均投资成本为 881 美元/kW，较上年有所上涨。2010—2018 年，全球燃油发电项目单位千瓦平均投资成本在 780～950 美元/kW 之间波动，2013 年全球达到最低水平 786 美元/kW，2011 年最高，达到 948 美元/kW。燃油发电项目单位千瓦投资成本变化情况见图 3-6。

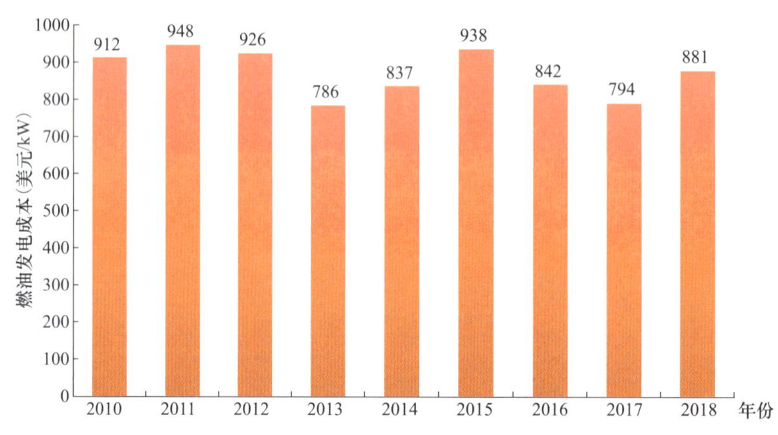

图 3-6　2010—2018 年全球燃油发电成本变化趋势

分地区来看，美洲地区燃油发电成本较低，约为 897 美元/kW，其中墨西哥最高，超过 1300 美元/kW，哥伦比亚次之，接近 1000 美元/kW，美国、加拿大均在 950 美元/kW 左右；非洲、欧洲和中东地区燃油发电成本为 961 美元/kW，其中英国最高，接近 2000 美元/kW，爱尔兰接近 1500 美元/kW，比利时、俄罗斯、荷兰也接近 1400 美元/kW；亚太地区燃油发电成本约为 935 美元/kW，其中中国最低，为 694 美元/kW，日本最高，超过 1200 美元/kW。

（三）天然气发电

2018 年，全球天然气发电项目单位千瓦平均投资成本为 1117 美元/kW。 2010—2018 年，全球天燃气发电成本在 1000～1200 美元/kW 之间波动。2010—2018 年天然气发电项目单位千瓦投资成本变化情况见图 3-7。

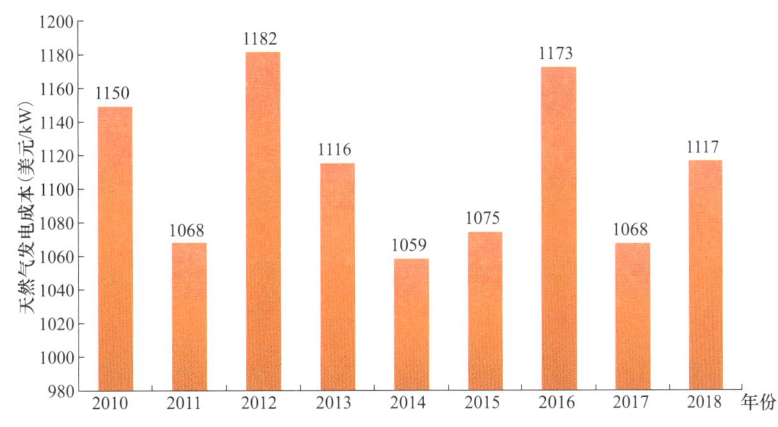

图 3-7　2010—2018 年全球天然气发电成本变化趋势

分地区来看，美洲地区天然气发电成本为 1202 美元/kW，其中加拿大最高，超过 1590 美元/kW，巴西、美国次之，均超过 1400 美元/kW，阿根廷、墨西哥、秘鲁较低，均低于 1000 美元/kW；非洲、欧洲和中东地区天然气发电成本为 1244 美元/kW，其中尼日利亚和保加利亚最高，成本 2000 美元/kW 左右，伊朗和意大利最低，均低于 800 美元/kW；亚太地区天然气发电成本较低，为 958 美元/kW 左右，其中中国最低，为 644 美元/kW，澳大利亚最高，超过 1600 美元/kW，日本超过 1500 美元/kW。

二、非化石能源

全球非化石能源发电项目中，光热发电项目单位千瓦造价最高，2018 年约为 5046 美元/kW；光伏发电项目 2018 年单位造价继续下降，成为单位千瓦造价最低的品种，约为 1293 美元/kW。 水电和陆上风电项目单位千瓦造价也较低，分别为 1380 美元/kW 和 1647 美元/kW。核电项目单位千瓦造价约为 2911 美元/kW。

生物质发电、海上风电项目单位千瓦造价在3800～4400美元/kW之间。各类型非化石能源发电项目2010—2018年单位千瓦造价变化趋势见图3-8。

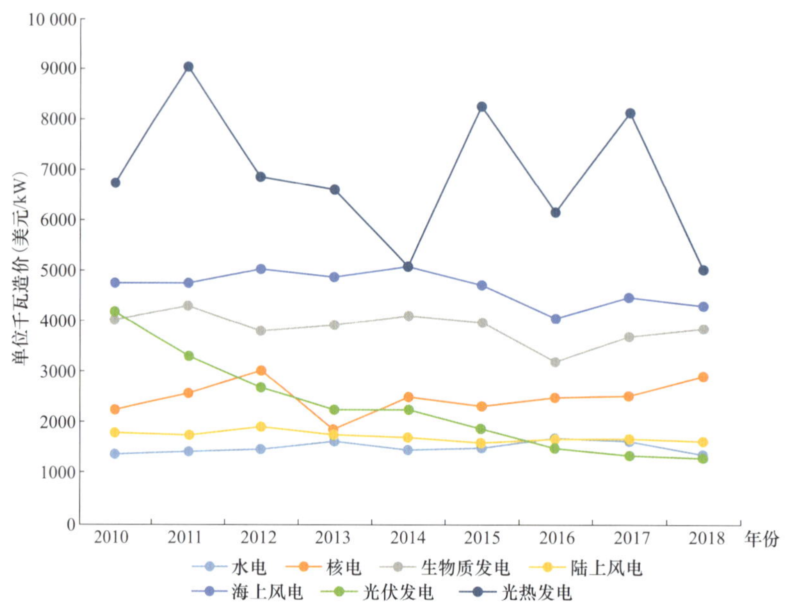

图3-8 2010—2018年全球非化石能源发电成本变化趋势

从图3-8可以看出，2010—2018年间，单位千瓦造价降幅最大的是光伏发电项目，从2010年的4337美元/kW下降到2018年的1293美元/kW，下降了70%。水电、陆上风电项目造价变化比较平稳，光热发电、海上风电、生物质发电项目呈波动下降趋势。核电项目略有上升。

3.1.4 电网发展

一、欧洲互联电网

欧洲互联电网（ENTSO-E，简称欧洲电网）包括欧洲大陆、北欧、波罗的海、英国、爱尔兰五个同步电网区域，此外还有冰岛和塞浦路斯两个独立系统。欧洲电网东部与俄罗斯、白俄罗斯、乌克兰、摩尔达维亚电网互联，南部与阿尔巴尼亚电网互联，东南部与土耳其电网互联，西南部与非洲摩洛哥电网互联。截至2018年底，欧洲电网220kV及以上交流输电线路总长度约

30.8 万 km，电网总装机容量约 11.63 亿 kW，发电量 3.66 万亿 kW·h，用电量约 3.63 万亿 kW·h。全部电力交换电量约为 4671 亿 kW·h，达到用电量的 12.9%。ENTSO－E 覆盖欧洲国家如图 3－9 所示。

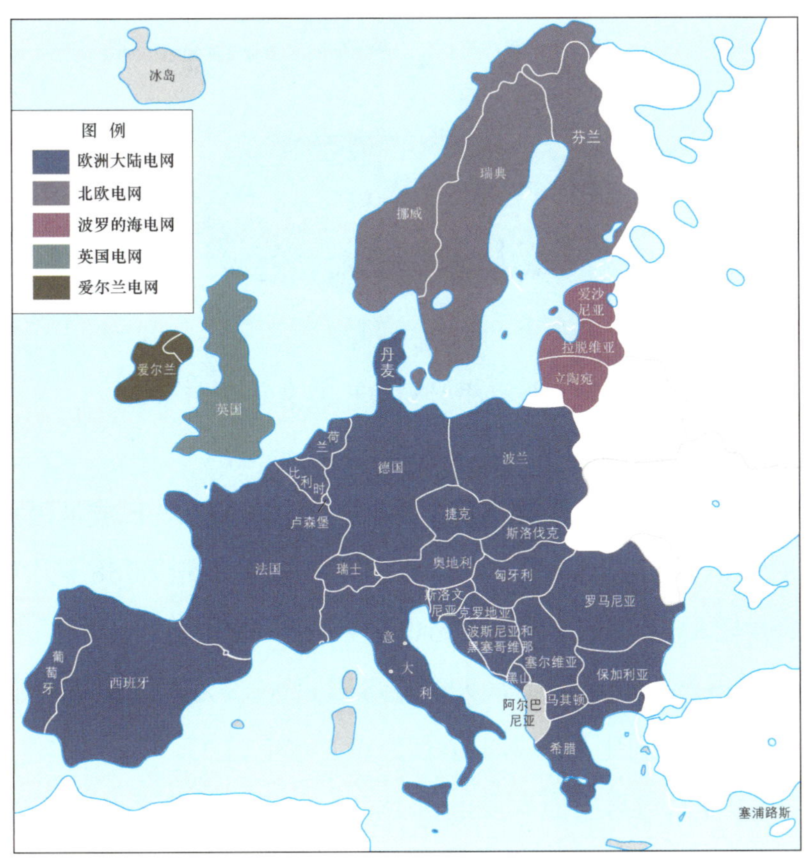

图 3－9　ENTSO－E 覆盖的欧洲国家示意

注：图片资料来自 ENTSO－E 网站。

（一）装机容量

欧洲电网发电装机同比增加 1.0%。2018 年，欧洲电网发电装机容量达到 11.63 亿 kW，同比增加 1.0%。核电装机容量 1.22 亿 kW，火电装机 4.55 亿 kW，水电装机 2.39 亿 kW，非水可再生能源发电装机达 3.41 亿 kW。其中，风电装机 1.85 亿 kW，太阳能发电装机 1.18 亿 kW。

欧洲电网装机以火电为主，占总装机容量的约 40%。2018 年，欧洲电网火电装机占比最高，占比 39.1%，其次为水电，占比 20.6%，风电约占 15.9%，核电约占 10.5%，太阳能发电约占 10.1%。2018 年 ENTSO－E 发电装机构成如图 3－10 所示。

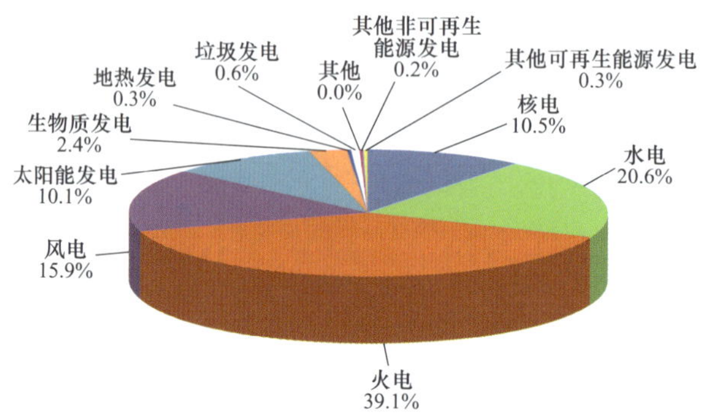

图 3－10　2018 年 ENTSO－E 发电装机构成

（二）电力生产与消费

ENTSO－E 发电量同比小幅下降。2018 年，ENTSO－E 成员国总发电量为 36 591 亿 kW•h，同比下降 0.5%。其中，核电发电量 8088 亿 kW•h，火电发电量 14 888 亿 kW•h，水电发电量 6449 亿 kW•h，非水可再生能源发电量 6847 亿 kW•h。从发电量构成比例看，火电发电量占 40.7%，同比下降 5.7 个百分点；核电占 22.1%，同比上升 0.1 个百分点；水电占 17.6%，同比上升 9.1 个百分点；风电等非水可再生能源发电占 18.7%，同比上升 2.9 个百分点。

ENTSO－E 非水可再生能源发电量占比大幅提高。2010—2018 年，ENTSO－E 火电占比从 48.8%下降到 40.7%，下降 8.1 个百分点；核电占比从 26.3%下降到 22.1%，下降 4.2 个百分点；水电占比从 17.1%上升到 17.6%，上升了 0.5 个百分点；非水可再生能源发电占比从 7.7%增加到 18.7%，增加 11 个百分点。

ENTSO－E 电力消费量同比小幅下降。2018 年，ENTSO－E 成员国消费电量达 36 284 亿 kW•h，同比下降 0.2%。

（三）电力联网

ENTSO－E 成员国中，以德国、法国、意大利为代表的大部分国家输电线路的电压等级集中在 220kV 和 380/400kV；塞浦路斯、爱沙尼亚、立陶宛、北爱尔兰地区主要以低压输电线路为主。欧洲电网各成员国之间主要是通过220kV和380kV交流线路互联，部分是通过400kV、330kV、220kV及以下电压等级输电线路实现互联。

截至2018年底，欧洲电网各成员国间共有电网联络线423条，其中，交流线路393条，直流线路30条。交流联络线中，380～400kV联络线最多，共130条，其次为200～380kV和220kV以下联络线，分别为110条和89条。直流联络线以±220～380kV为主，共有17条，其次为±400kV以上联络线，共有7条，±380～400kV联络线共有5条，±220kV以下联络线1条。

从欧洲电网输电线路回路长度上看，截至2018年底，ENTSO-E各国220kV及以上交流输电线路总长度达到30.8万km，其中交流电缆长度5567km。2018年ENTSO-E输电线路回路长度情况见表3-1。

表3-1　2018年ENTSO-E输电线路回路长度情况　km

电压等级	400kV以上	380～400kV	220～380kV	110～220kV	合计
交流	385	176 703	131 065	166 547	474 700
其中电缆	—	4558	1009	—	5567
直流电缆	—	4527	3002	1162	8691

数据来源：Statistical Factsheet 2018。

（四）电力交换

2018年，ENTSO-E全部电力交换量（进口和出口电量之和，含ENTSO-E成员国与周边非ENTSO-E成员国的电力交换）为4671亿kW·h，与去年基本持平，其中外部电力交换量322亿kW·h，同比减少0.9%，ENTSO-E成员国之间的电力交换量为4349亿kW·h，与2017年基本持平。

二、北美联合电网

（一）网架情况

北美联合电网由西部互联电网、东部互联电网、得克萨斯电网以及魁北克互联电网组成（见图3-11），涵盖美国、加拿大和墨西哥境内的下加利福尼亚州，总覆盖面积1139万km^2。不同的互联电网并不是同步的，没有交流互联通道，并且直流互联通道的容量也有限制。目前，在东部和西部互联电网之间，只有少量的直流线路，其互联通道容量约为 2GW，在东部互联电网和得克萨斯电网之间，有一个互联通道，其容量为 2.6GW。

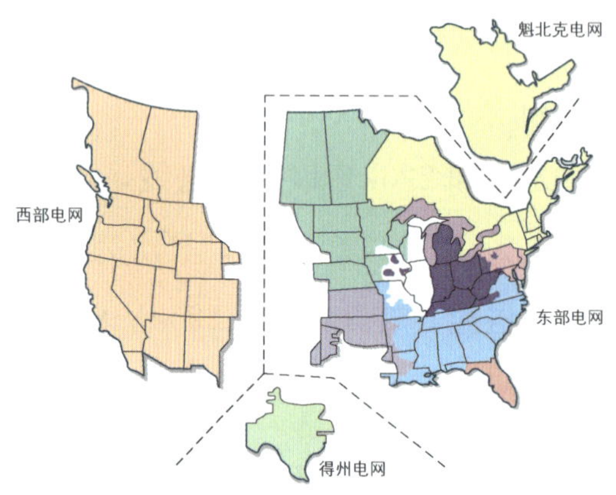

图 3-11　北美联合电网组成示意图

北美四个同步电网之间联网情况，东部电网通过 6 条直流线路与西部相联；东部电网与魁北克电网通过 5 条交流输电线路和一套变频变压器相联；得州电网与东部电网通过 2 条直流线路互联，与墨西哥电网通过 1 条直流线路和 1 套变频变压器互联。

（二）电力交换情况

北美联合电网中，美国是电能净进口国，加拿大、墨西哥是电力净出口国，美国和加拿大之间电量交换大、与墨西哥之间电量交换较小。美国北部各电力公司和加拿大魁北克、安大略等电力公司之间长期进行电力交换。近年来，美国与加拿大、墨西哥的电力交换规模总体呈现上升趋势（见表 3-2）。2018 年，美国进出口电量合计约 721 亿 kW•h，同比下降 19.0%，与 2000 年相比，增加 13.7%。

表 3-2　　美国与加拿大、墨西哥的电力交换情况　　亿 kW•h

年份	2000	2010	2013	2014	2015	2016	2017	2018
进口电力	485.9	450.8	561.5	616.3	756.1	806.5	778.4	582.7
出口电力	148.3	191.1	141.5	135.1	91.5	97.0	111.8	138.0
进出口合计	634.2	641.9	702.9	751.5	847.5	903.5	890.2	720.7

数据来源：NERC、IEA。

（三）电网规划

基于未来美国电网发展为东部、西部2个同步电网的构想，未来北美电网将形成东部、西部和魁北克3个同步电网结构。北美联合电网计划用十年时间新增100kV以上输电线路5.99万km（见表3-3），其中，建设中的线路长度约1.26万km，规划中的线路约3.48万km，处在初步讨论阶段的线路长度约1.24万km。

表3-3　　北美联合电网2015—2024年输电线路规划情况　　km

类别	建设中	规划中	考虑中	合计
东部电网	11 203	20 719	3715	35 637
魁北克电网	450	1164	336	1950
得州电网	144	1153	720	2016
西部电网	803	11 816	7669	20 288
总计	12 597	34 851	12 438	59 887

数据来源：NERC。

三、南部非洲电网

（一）装机情况

南部非洲电力联盟（Southern African Power Pool，SAPP）共有博茨瓦纳、莫桑比克、马拉维、安哥拉、南非、莱索托、纳米比亚、刚果（金）、斯威士兰、坦桑尼亚、赞比亚、津巴布韦12个成员国，除马拉维、安哥拉外，SAPP的其他成员国电网之间基本实现了互联。以水电为主的北部地区和以火电为主的南部地区，通过132、220kV和400kV线路互联，电网互联情况如图3-12所示。

截至2018年4月底，南部非洲电网总装机6719万kW，其中燃煤发电占比62.1%，水电占比21.0%，燃油燃气发电占比6.6%，风电比占4.0%，核电占比3.0%，光伏发电占比2.9%，光热发电占比1.0%。

（二）电力交换

为缓解输电瓶颈，规划中的重点跨国输电项目有赞比亚、坦桑尼亚和肯尼

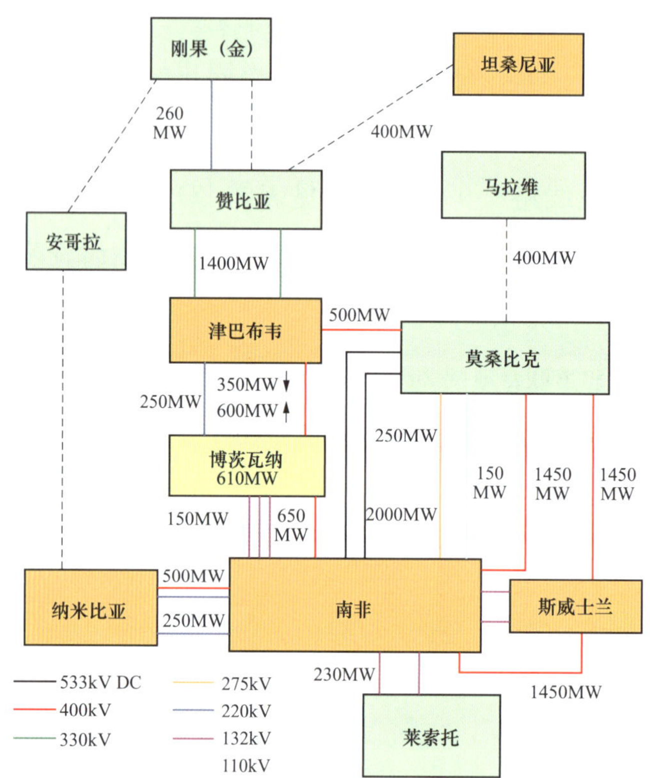

图 3-12 南部非洲电网互联情况示意图

资料来源：南部非洲电力联盟网站。

亚互联工程，莫桑比克和马拉维互联工程，纳米比亚和安哥拉互联工程，津巴布韦、赞比亚、博茨瓦纳和纳米比亚互联工程，莫桑比克、津巴布韦和南非互联工程。2017—2018 年 SAPP 成员国之间电力进出口情况见表 3-4。

表 3-4　2017—2018 年 SAPP 成员国总装机容量及电力生产、交易情况

国家（地区）	总装机容量（MW）	发电量（$\times10^6$，kW·h）	进口（$\times10^6$，kW·h）	出口（$\times10^6$，kW·h）
安哥拉	3129	9507	0	0
博茨瓦纳	927	4203	312	0
刚果（金）	2457	8639	0	0
斯威士兰	70	197	841	0

续表

国家（地区）	总装机容量（MW）	发电量（×10⁶，kW·h）	进口（×10⁶，kW·h）	出口（×10⁶，kW·h）
莱索托	74	332	294	1.0
马拉维	352	2053	0	0
莫桑比克	2724	16 636	68	280
纳米比亚	538	2672	1756	0
南非	50 774	233 503	3.0	4169
坦桑尼亚	1366	9010	0	0
赞比亚	2734	14 394	361	8.0
津巴布韦	2045	8513	1178	355

数据来源：SAPP，Annual Report 2018。

（三）电网规划

SAPP 计划 2018—2022 年间新增装机 2610.8 万 kW。除莱索托外，其他国家均有新增装机见表 3-5。

表 3-5　SAPP 2018—2022 年新增装机规划　MW

国家	2018 年	2019 年	2020 年	2021 年	2022 年	合计	占比
安哥拉	1629	0	0	0	2100	3369	12.90%
博茨瓦纳	—	110	300	—	—	410	1.57%
刚果（金）	—	—	360	300	—	660	2.53%
莱索托	—	20	—	—	—	20	0.08%
马拉维	112	—	300	18	—	430	1.65%
莫桑比克	130	30	—	—	650	810	3.10%
纳米比亚	20	81	175	800	—	1076	4.12%
南非	2662	3234	1219	2342	1525	10 982	42.06%
斯威士兰	—	12	—	—	5	17	0.07%
坦桑尼亚	397	—	627	2510	837	4371	16.74%
赞比亚	102	450	891	930	—	2373	9.09%
津巴布韦	150	240	600	600	—	1590	6.09%
合计	4842	4177	4472	7500	5117	26 108	100%

数据来源：SAPP，Annual Report 2018。

四、中国电网

（一）电网互联现状

近年来，中国在加强和完善各地区电网主网架的同时，加快跨省跨区联网建设。2005 年以来，中国已建成多项跨区电网互联工程，实现了中国大陆电网互联，形成华北－华中、华东、东北、西北、南方五个同步电网运行的格局。

华北、华中通过 1000kV 交流联网，东北与华北通过高岭背靠背直流实现异步联网，西北与华中通过灵宝背靠背直流、德阳－宝鸡±500kV 直流、哈密－郑州±800kV 直流实现异步联网，西北与华北通过宁东（银川东）－山东（青岛）±660kV 直流实现异步联网，华中与华东通过葛洲坝－上海（南桥）、三峡（龙泉）－江苏（政平）、三峡（宜都）－上海（华新）、三峡（荆门）－上海（枫泾）±500kV 直流以及金沙江（向家坝）－上海（奉贤）、雅砻江（锦屏）－江苏（同里）、金沙江（溪洛渡）－浙西（金华）±800kV 直流工程实现异步联网，华中与南方电网通过三峡（荆州）－广东（惠州）±500kV 直流实现异步联网。

（二）输电通道建设情况

2018 年，中国继续加强新能源并网和送出工程建设。建成世界电压等级最高、输电距离最远的淮东－皖南±1100kV 特高压直流输电工程，建成 15 条提升新能源消纳能力的重点输电通道。国家电网公司经营区 110kV 及以上线路长度、变电容量分别达 103.01 万 km、46.58 亿 kV·A，较 2017 年分别增长 4.86 万 km、3.04 亿 kV·A，增速分别为 4.96%和 6.97%。分电压等级看，500kV 变电容量、线路长度增长最快，分别新增 9435 万 kV·A 和 12 046km，增长速度均超过 9%。

（三）省内输电通道建设

建成投运蒙东兴安－扎鲁特、新疆准北输变电及配套工程等 15 项提升新能源消纳能力的省内重点输电工程，提升新能源外送能力 350 万 kW·h。

（四）跨省跨区通道建设

建成投运上海庙—临沂、准东—皖南特高压直流输电工程，新增特高压输电线路 4562km，输电能力超过 2200 万 kW·h。开工建设青海—河南±800kV 特高压直流工程、张北柔直示范工程。2018 年底在运、在建及“五交五直”工程示意如图 3-13 所示。

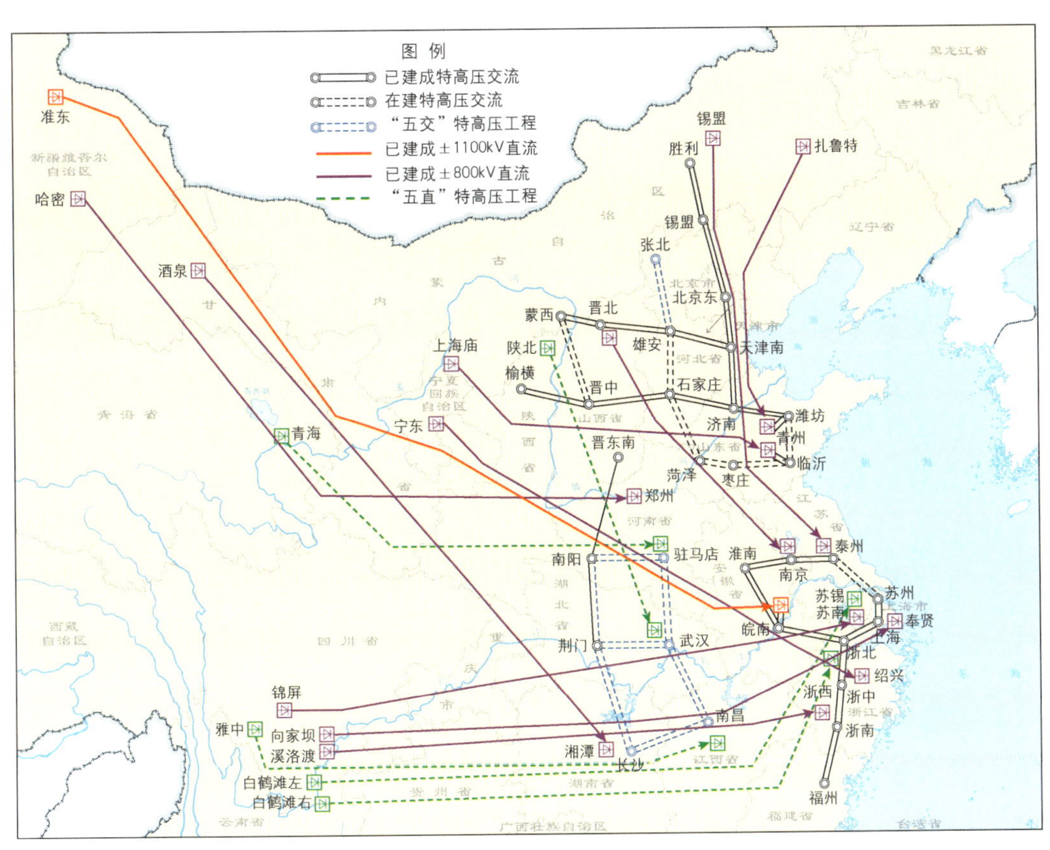

图 3-13 2018 年底在运、在建及“五交五直”工程示意图

（五）重点送出工程

及时建设光伏领跑者基地配套送出工程，超前开展工程前期工作，编制项目接入电网方案。2018 年，吉林白城市光伏“领跑者”基地项目分为大安乐胜

和镇赉莲泡基地，并网项目 5 个，并网容量 50 万 kW·h，送出工程建成线路总长度 39.3km，总投资 5820 万元。

加快海上风电项目送出工程规划建设，开展海上风电基地输电规划、消纳能力研究和接入系统方案论证等工作，优先安排投资计划，满足接入和送出需要。2018 年，江苏公司新投产海上风电总装机容量 140 万 kW·h，配套送出工程满足了 6 个海上风电项目并网发电的需要。

3.1.5 世界电力行业发展特点

（1）世界电力消费量同比增长 3.1%，发达国家电力消费持续回升。2018 年世界电力消费量约为 22.0 万亿 kW·h，同比增长 3.1%，增速较 2017 年下降 0.3 个百分点。2018 年 OECD 国家电力消费量为 9.90 万亿 kW·h，同比增长 1.9%，增速较 2017 年上升了 1.3 个百分点。

（2）世界电源结构进一步向低碳方向发展。2018 年全球风电装机新增 0.49 亿 kW，累计 5.95 亿 kW，全球光伏发电新增装机 0.91 亿 kW，累计 4.9 亿 kW。2018 年世界火电装机占比 59.2%，比 2017 年下降了 0.9 个百分点，非水可再生能源发电装机占比 17.6%，比 2017 年上升了 1.5 个百分点。

（3）非水可再生能源发电量增幅仍在高位。2018 年，世界太阳能、风能、地热能、生物质能和其他可再生能源的发电量为 24 804 亿 kW·h，较 2017 年增长 3139 亿 kW·h，同比增长 14.5%。火电、水电、核电、非水可再生能源发电量分别占总发电量的 64.2%、15.8%、10.2%和 9.3%，火电、核电、水电发电量比重同比分别下降 0.6 个、0.1 个、0.1 个百分点，非水可再生能源发电量比重增加 0.9 个百分点。

（4）非水可再生能源发电项目发电成本稳步下降。2018 年，非水可再生能源发电项目中，光伏发电和陆上风电项目单位千瓦造价最低，分别为 1293 美元/kW 和 1647 美元/kW。核电项目单位千瓦造价约为 2911 美元/kW。生物质发电、地热发电、海上风电项目单位千瓦造价在 3800～4400 美元/kW 之间。2010—2018 年间，单位千瓦造价降幅最大的是光伏发电项目，2010 年到 2018 年的 8 年间下降了 70%。

3.2 主要国家电力行业发展状况

3.2.1 主要国家电力发展状况

（一）电力消费

2018 年世界十大电力消费国依次为中国、美国、印度、日本、俄罗斯、巴西、韩国、德国、加拿大和法国，总消费电量约 15.2 万亿 kW·h，约占世界总消费电量的 69.1%。其中，中国、美国和印度的电力消费量超过 1 万亿 kW·h。2018 年世界 10 大电力消费国的电力消费量如图 3-14 所示。

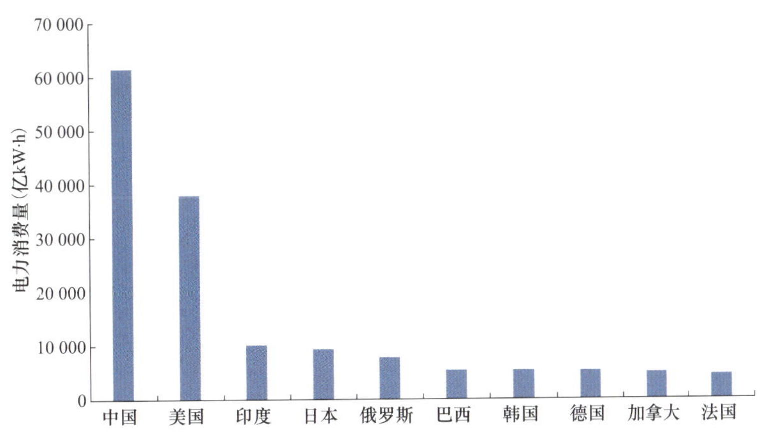

图 3-14　2018 年世界十大电力消费国电力消费量

美国、法国电力消费以居民用电和商业服务业用电为主。2017 年美国电力消费构成为居民生活用电占 36.7%，商业服务业用电占 36.1%，工业用电占 20.8%，农业渔业用电占 1.3%，交通用电占 0.3%，其他占比 4.8%。2017 年法国居民生活用电占比 36.4%，商业服务业用电占 31.9%，工业用电占

27.0%，交通用电占比约 2.5%，农业渔业用电占比约 2.0%，其他占比 0.2%。

日本、德国电力消费以工业和商业服务业用电为主。2017 年日本工业用电占 35.9%，商业服务业用电占 33.6%，居民生活用电占 28.4%，交通用电占 1.8%，农业渔业用电占 0.3%。2017 年德国工业用电占比 44.0%，商业服务业务用电占比 29.0%，居民生活用电占比 24.7%，交通用电占比约 2.3%。

加拿大电力消费以居民、工业、商业服务业用电为主。2017 年加拿大工业用电占比 35.2%，居民生活用电占比 33.0%，商业服务业用电占比 23.5%，农业渔业用电占比 1.9%，交通用电占比约 1.5%，其他占比 4.9%。

韩国电力消费以工业为主。2017 年韩国工业用电占比 52.4%，商业服务业占 31.2%，居民生活占 12.7%，农业渔业占 3.1%，交通用电占 0.5%，其他占比 0.1%。

印度、巴西、俄罗斯电力消费均以工业为主。2017 年印度工业用电约占 40.0%，其次为居民用电，约占 24.8%，交通用电约占 1.2%，农业用电占 17.6%，商业用电占 9.5%，其他占比 6.9%。2017 年巴西工业用电占 40.0%，其次是商业服务业用电，占 26.8%，居民用电占 26.9%，交通用电占 0.5%，农业用电占 5.8%。2017 年俄罗斯工业用电占比 44.5%，居民生活用电占比 21.9%，商业服务业务用电占比 21.0%，农业渔业用电占比 2.4%，交通用电占比约 10.2%。

（二）电力生产

2018 年发电装机容量前十名的国家依次为中国、美国、印度、日本、俄罗斯、德国、巴西、加拿大、法国和韩国，总装机容量约 49.4 亿 kW，约占世界总装机容量的 69.6%。其中，中国和美国的发电装机容量超过 10 亿 kW。2018 年前十名国家的发电装机容量如图 3-15 所示。

美国装机以天然气发电为主。2018 年，美国装机约 12.23 亿 kW，同比增长 1.2%。其中，天然气发电装机占比 44.1%，燃煤发电装机占比

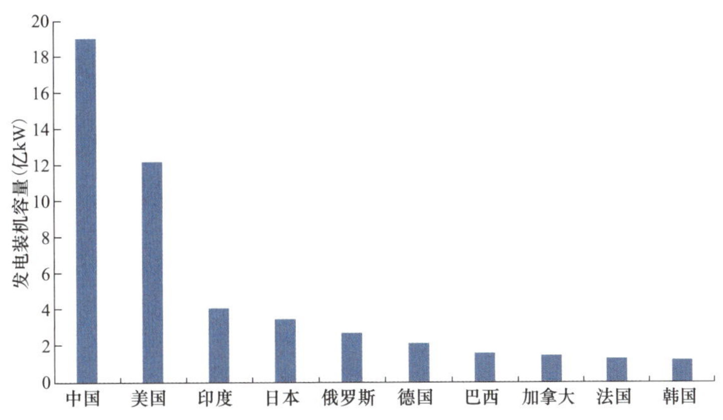

图 3-15　2018 年发电装机容量前十名

21.6%，燃油发电占比 3.1%，水电和核电占比分别为 8.3%和 8.1%，风电占比为 7.9%，太阳能发电占比为 5.3%，其他占比 1.6%。2018 年，美国燃煤发电装机减少 1503 万 kW，燃油发电装机减少 21 万 kW，风电、天然气发电、太阳能发电装机分别增加 741 万、1450 万、1060 万 kW。

法国装机以核电为主。2018 年，法国装机 1.31 亿 kW，同比减少 0.1%。其中，核电装机占比 48.2%，水电装机占比 19.5%，火电装机占比 12.1%，风电装机占比 11.7%，太阳能发电占比 6.9%，其他占比 1.6%。2018 年法国燃煤发电减少 60 万 kW，燃油发电减少 259 万 kW，风电、太阳能发电分别增加 156 万、86 万 kW。

中国[1]、印度装机仍以煤电为主。2018 年，中国发电装机 19.00 亿 kW，同比增长 6.5%。其中，火电占比 60.2%，水电占比 18.5%，风电占比 9.7%，太阳能发电占比 9.2%，核电占比 2.4%。2018 年，印度装机容量为 4.1 亿 kW，其中燃煤发电占比 56.9%，风电等非水可再生能源发电占比 18.5%，水电占比 12.1%，天然气发电占比 7.6%，核电占比 1.6%，燃油发电占比 3.3%。

[1] 中国数据来自中国电力企业联合会。

加拿大、巴西装机以水电为主。2018 年，加拿大发电装机约 1.48 亿 kW。其中，水电占比 54.2%，天然气发电占比 13.7%，风电等非水可再生能源发电占比 12.3%，核电占比 9.2%，燃煤发电比占 6.5%，燃油发电占比 4.1%。2018 年，巴西发电装机约 1.61 亿 kW，其中，水电装机比重约 62.7%，火电约占 16.8%，风电等非水可再生能源发电占比 19.3%，核电占比 1.2%。

2018 年中国发电量最高，达到 69 947 亿 kW·h[❶]。年发电量超过 1 万亿 kW·h 的共有 3 个国家，依次为中国、美国、印度。年发电量前十名的国家如图 3 - 16 所示。

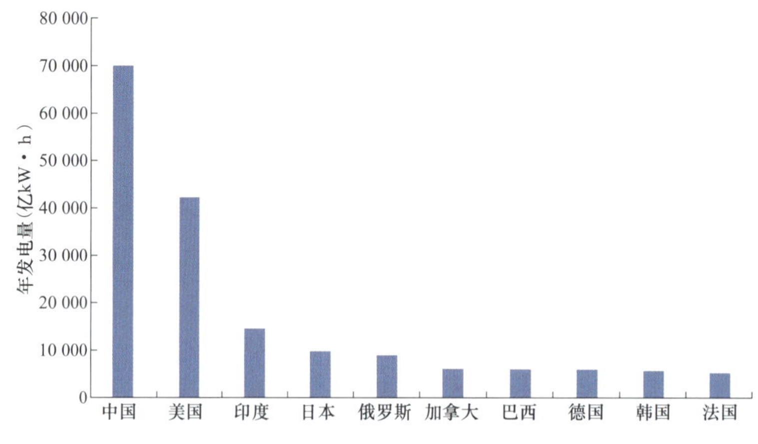

图 3 - 16　2018 年发电量前十名国家

美国发电量以火电为主，2018 年发电量[❷]约 4.22 万亿 kW·h，同比增加 3.8%。其中风电等非水可再生能源发电量 4739 亿 kW·h，同比增长 10.0%；水电发电量 2876 亿 kW·h，同比下降 2.6%；火电发电量 26 514 亿 kW·h，同比上升 4.5%；核电发电量 8080 亿 kW·h，同比上升 3.0%。火电、核电、水电、非水可再生能源发电量占总发电量的比例分别为 62.8%、19.1%、6.8%、11.3%。

日本发电量以火电为主，2018 年发电量约 9766 亿 kW·h，同比降低 0.5%。

❶ 中国数据来自中国电力企业联合会。

❷ 其他来自 GlobalData。

其中风电等非水可再生能源发电量 1108 亿 kW·h，同比增长 7.1%，水电发电量 730 亿 kW·h，同比降低 0.1%；火电发电量 7381 亿 kW·h，同比降低 4.9%。日本火电发电量占比高达 75.6%，水电、非水可再生能源发电、核电占比分别为 7.5%、11.3%、5.6%。

德国发电量以火电为主，2018 年发电量约 5904 亿 kW·h，同比下降 1.1%。其中风电等非水可再生能源发电量 2093 亿 kW·h，同比增长 6.6%；水电发电量 138 亿 kW·h，同比降低 22.7%；火电发电量 2955 亿 kW·h，同比降低 4.9%；核电发电量 719 亿 kW·h，同比降低 0.4%。德国火电、风电等非水可再生能源发电、核电、水电发电量占比分别为 50.1%、35.4%、12.2%、2.3%。

法国发电量以核电为主，2018 年发电量 5230 亿 kW·h，同比降低 0.4%。其中，火电发电量 463 亿 kW·h，同比降低 14.2%，占比 8.9%；非水可再生能源发电量 463 亿 kW·h，同比增加 8.4%，占比 8.9%；核电发电量 3832 亿 kW·h，同比增加 0.4%，占比 73.3%；水电发电量 472 亿 kW·h，同比增加 1.3%，占比 9.0%。

加拿大发电量以水电为主，2018 年发电量约 6088 亿 kW·h，同比增加 6.4%。其中，水电发电量 3540 亿 kW·h，同比增加 5.7%，占比 58.2%；非水可再生能源发电量 480 亿 kW·h，同比增长 8.5%，占比 7.9%；核电发电量 933 亿 kW·h，同比下降 1.9%，占比 15.3%；火电发电量 1135 亿 kW·h，同比增加 15.9%，占比 18.6%。

3.2.2 中国电力发展状况及特点

（一）电力消费

中国电力消费进一步回升。2018 年，全国全社会用电量 69 002 亿 kW·h，同比增长 8.4%，为 2012 年以来最高增速。2010—2018 年全社会用电量及其增长情况见图 3 - 17。

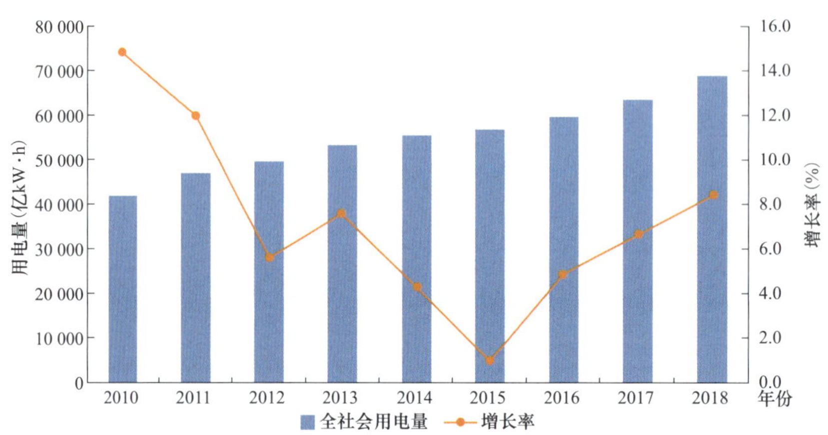

图 3-17　2010—2018 年中国全社会用电量及其增长情况

第二产业是全社会用电量增速提高的最主要动力。第一产业用电量 746 亿 kW•h，同比增长 9.0%。第二产业用电量 47 733 亿 kW•h，同比增长 7.1%，拉动全年全社会用电量 5.0 个百分点，是全社会用电量增速提高的最主要动力。第三产业用电量 10 831 亿 kW•h，同比增长 12.9%；城乡居民生活用电量 9692 亿 kW•h，同比增长 10.3%，服务业和居民消费对用电增长稳定作用更加突出。2018 年，中国人均用电量 4945kW•h，比上年增加 356kW•h。

中国电力消费以第二产业为主。2018 年，中国第一、第二、第三产业和城乡居民生活用电量占全社会用电量的比重分别为 1.1%、69.2%、15.7%和 14.0%。与 2017 年相比，第三产业和城乡居民生活用电量占比分别提高 0.5、0.1 个百分点；第二产业用电量占比降低 0.7 个百分点。2018 年全国电力消费结构与 2017 年对比情况见图 3-18。

（二）电力生产

中国发电装机容量增长趋缓。截至 2018 年底，全国全口径发电装机容量 19.00 亿 kW，同比增长 6.5%，增速比上年回落 1.2 个百分点。2010—2018 年全国发电装机容量及同比增速情况见图 3-19。

中国发电装机仍以煤电为主，但能源结构不断优化。受新能源及核电快速

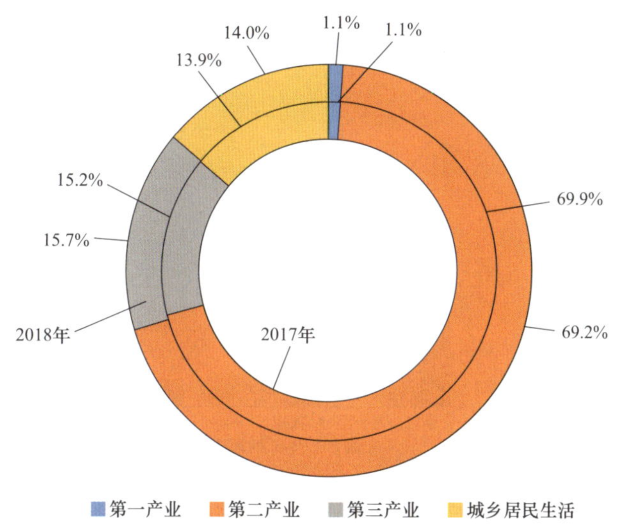

图 3-18 2018 年中国电力消费结构与 2017 年对比情况

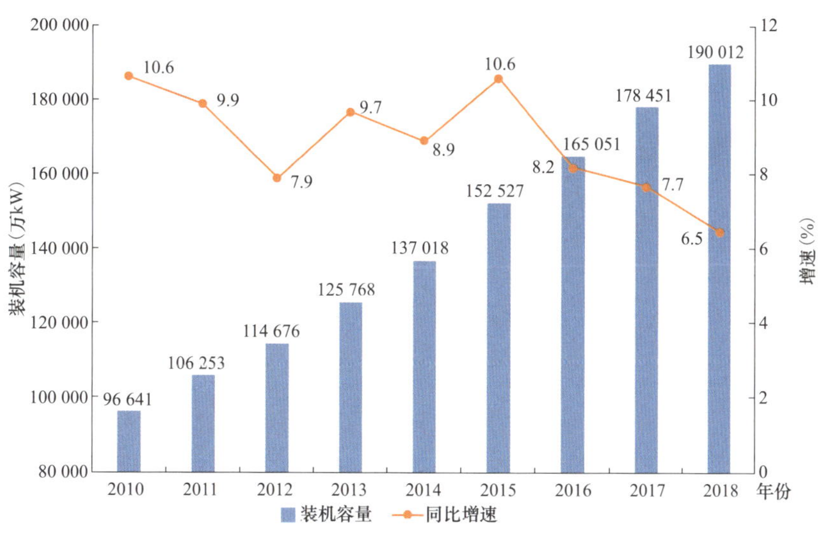

图 3-19 2010—2018 年中国发电装机容量及同比增速情况

发展拉动，中国能源结构加速调整优化。火电装机容量占比下降到 60.2%，其中煤电装机比重继续下降 2.2 个百分点；非化石能源发电装机容量占全国总装机容量的 40.8%，比 2017 年提高 2.1 个百分点。新能源装机占比 18.9%，其中太阳能发电装机占比提高到 9.2%。2017—2018 年全国分类型发电装机容量占比情况见图 3-20。

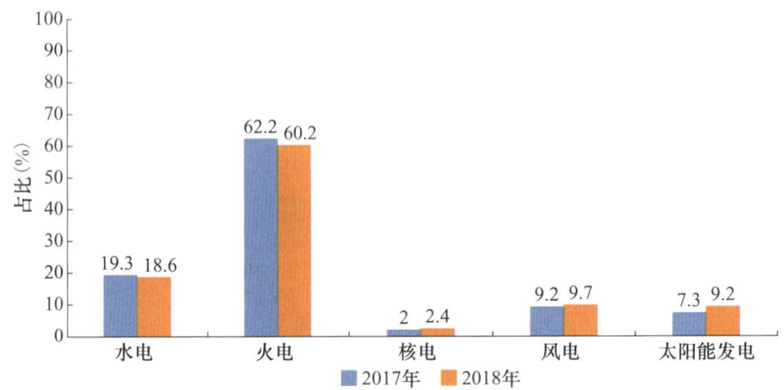

图 3-20　2017—2018 年中国发电分类型发电装机容量占比情况

中国发电量增速显著回升，新能源发电增量对电力生产的贡献作用显著增强。2018 年，中国全口径发电量达到 69 947 亿 kW·h，同比增长 8.4%，增速比上年提高 1.9 个百分点。新能源发电量高速增长，新能源（并网风电和太阳能发电）发电量同比增长 28.5%，比总发电量增速高 20.1 个百分点，对全国发电量增长的贡献率为 22.2%；并网风电和太阳能发电量占总发电量的比重为 7.7%（见图 3-21）。火电发电量比重从 2011 年的 82.5%持续下降到 2018 年的

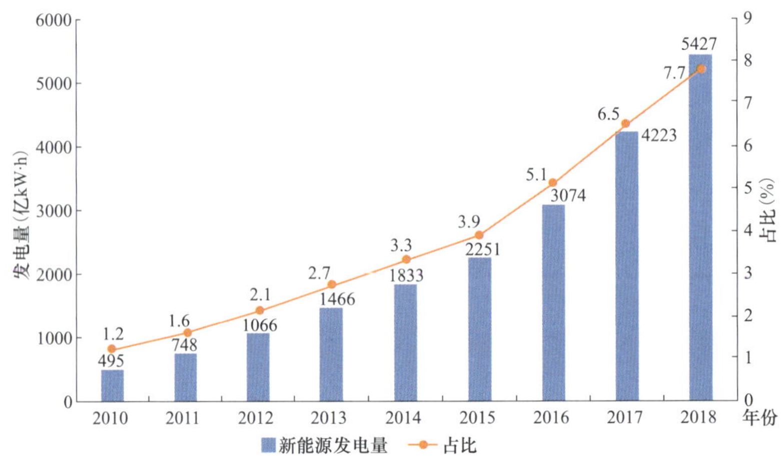

图 3-21　2010—2018 年风电、太阳能合计发电量及占比

70.4%。其中，2018年煤电发电量占比64.1%；燃气发电量同比增长6.0%，占比3.1%。2017—2018年中国分类型发电量占比情况如图3-22所示。

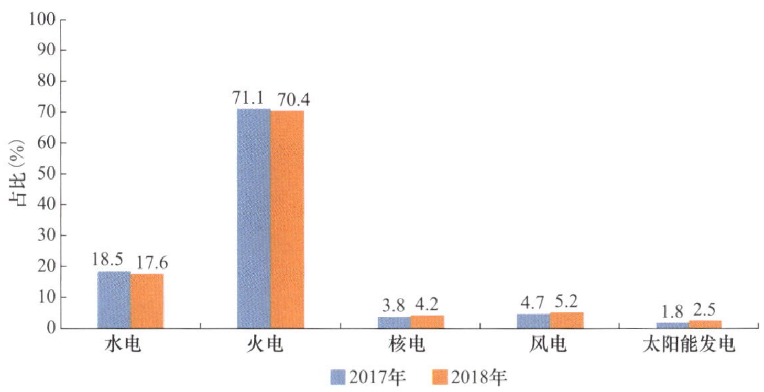

图3-22 2017—2018年中国分类型发电量占比情况

2018年，新能源发电量超过100亿kW•h的省份有19个（见图3-23），青海、甘肃、宁夏、内蒙古新能源发电量占本省发电量的比重超过15%。

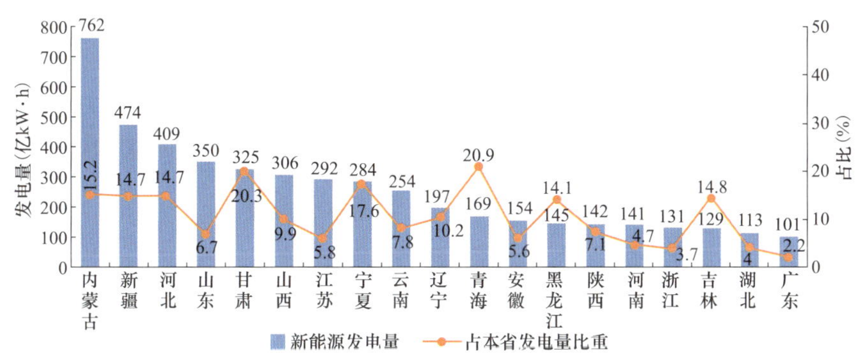

图3-23 2018年新能源发电大省新能源发电量及占比

3.3 电力发展关键指标

3.3.1 人均装机及用电量

2017年，中国人均装机1.27kW，但仍不足美国、德国等发达国家人均水

平的1/2。2017年，在世界电力生产大国中，加拿大、美国、日本人均装机最高，分别达到4.02kW、3.38kW和2.64kW；德国、韩国的人均装机也在2kW以上，法国、意大利人均装机在1.8kW以上。中国人均装机近十年来保持了快速增长，2007—2017年间，年均增速近9%。2007、2017年部分国家人均装机情况如图3-24所示。

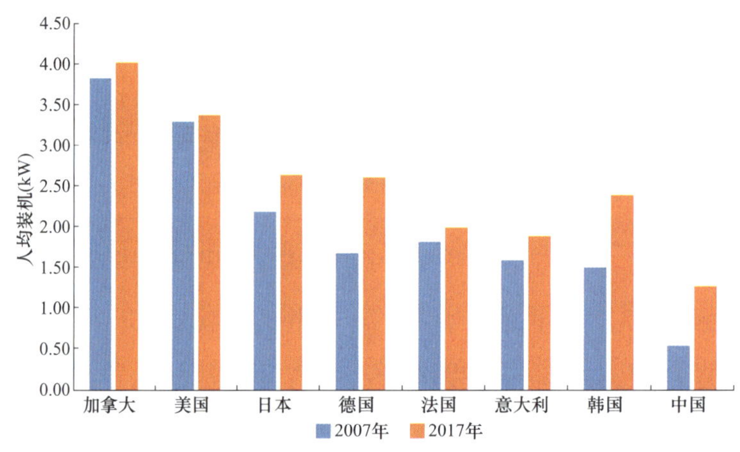

图3-24　2007、2017年部分国家人均装机情况

2017年，中国人均用电量4555kW·h，约为日本的56%、美国的36%、加拿大的32%。中国人均用电量与发达国家相比差距明显。2017年，在世界主要国家中，加拿大人均用电量达14 273kW·h，美国人均用电量达12 573kW·h，日本、法国人均用电量都在7000kW·h以上，印度在世界主要国家中人均用电量最低，约947kW·h。2007、2017年主要国家人均用电量情况如图3-25所示。

2007—2017年，中国人均用电量年均增速接近6.9%，绝大部分发达国家人均用电量年均增速呈现负增长，中国与发达国家的差距在逐渐缩小。人均用电量与经济增长和人口增长密切相关。近年来，欧美发达国家经济增长缓慢，电力需求接近饱和，用电量和人均用电量增长乏力或出现负增长。2007—2017年间，加拿大、美国、日本、意大利、法国、德国人均用电量年均增速均为负增长。俄罗斯、巴西、印度、中国等金砖国家人均用电量增长较快，年均增速

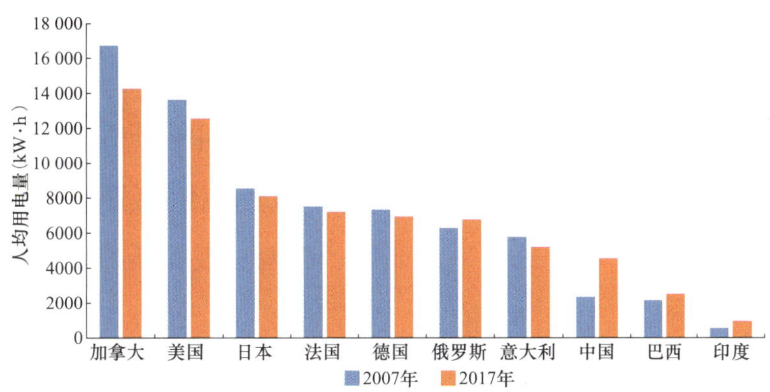

图 3-25　2007、2017 年主要国家人均用电量情况

分别为 0.7%、1.6%、5.7%和 6.9%。

3.3.2　厂用电率与线损率

2017 年，世界各国发电厂平均厂用电率为 5.15%。印度、俄罗斯和德国厂用电率高于世界平均水平，中国、美国、法国、意大利、日本、加拿大和巴西的厂用电低于世界平均水平。印度厂用电最高，达 6.58%，巴西最低，只有 1.32%。2007、2017 年部分国家厂用电率变化情况图 3-26 所示。

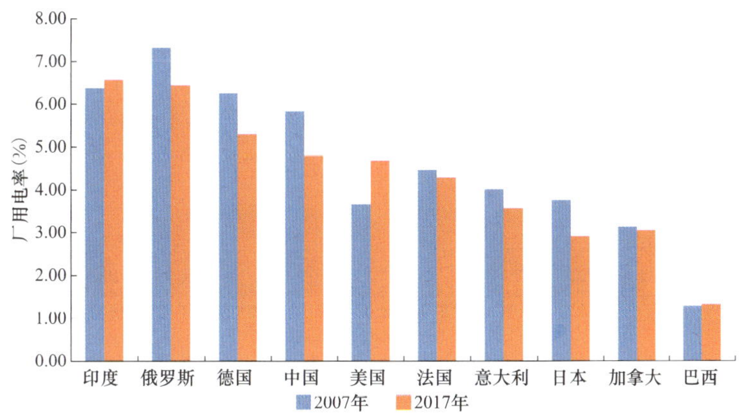

图 3-26　2007、2017 年部分国家厂用电率

中国厂用电率降幅最大，厂用电率接近世界先进水平。2007—2017 年间，印度、美国、巴西厂用电率有所增加，美国增加了 1.02 个百分点，其他国家呈

下降趋势。2007—2017 年间，俄罗斯、德国和中国厂用电率分别下降 0.87、0.95 个和 1.03 个百分点，中国降幅最大。2017 年，中国厂用电率 4.80%，高于美国、法国、意大利、日本等发达国家，但低于德国、印度和俄罗斯。

2017 年世界各国平均线损率为 7.86%。OECD 国家线损率为 6.23%，远低于非 OECD 国家 9.09%的线损率。印度、巴西、俄罗斯因国土面积大，资源与负荷分布不均衡，需远距离输电，线损率较高，2017 年分别为 17.09%、16.64%和 9.62%；德国和日本因国土面积小，电力供应以就地平衡为主，线损相对较低，2017 年分别为 4.13%和 3.80%。

主要国家线损率总体呈下降趋势。2007—2017 年间，世界线损率下降 0.61 个百分点，加拿大、法国、巴西线损率有所增加，加拿大 10 年间增加了 3.87 个百分点，其他国家线损率总体呈下降态势。其中，印度线损率降幅最大，10 年间下降 5.66 个百分点；其次为中国，下降 1.54 个百分点，主要是近年来中国电网建设快速发展，运行和管理水平快速提升。2007、2017 年部分国家线损率变化情况图 3-27 所示。

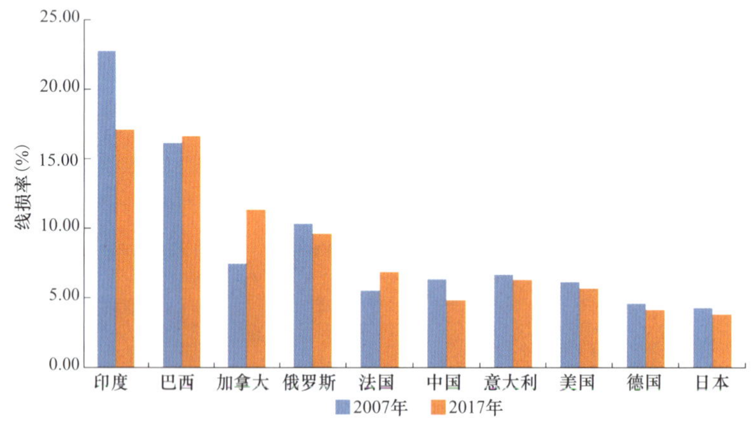

图 3-27　2007、2017 年部分国家线损率变化情况

3.3.3　发电能源占一次能源消费比重

发电能源占一次能源消费的比重，常常用于衡量一个国家的电气化水平。

发电能源占一次能源比重越高，说明一次能源被转化成电能的比例越高。

2017 年世界发电能源占一次能源消费的比重约为 37.2%。发达国家发电能源占一次能源消费的比重高于发展中国家。2017 年，OECD 国家发电能源占一次能源消费比重约为 39.9%，非 OECD 国家发电能源占一次能源消费比重约为 37.4%，高出 2.5 百分点。

法国、日本、韩国等发达国家发电能源占一次能源消费比重较高，中国家已接近世界先进水平。如图 3-28 所示，法国、韩国、中国、日本发电能源占一次能源消费比重都超过了 40%，其中法国高达 51.6%，中国为 44%。美国、德国、印度、俄罗斯、加拿大发电能源占比也都超过 30%。巴西发电能源占比最低，为 24.3%，主要是巴西终端能源消费构成中，石油和生物质能分别高达 45%和 27%，电力仅占 18.8%，因而其发电能源占一次能源消费比重较低。

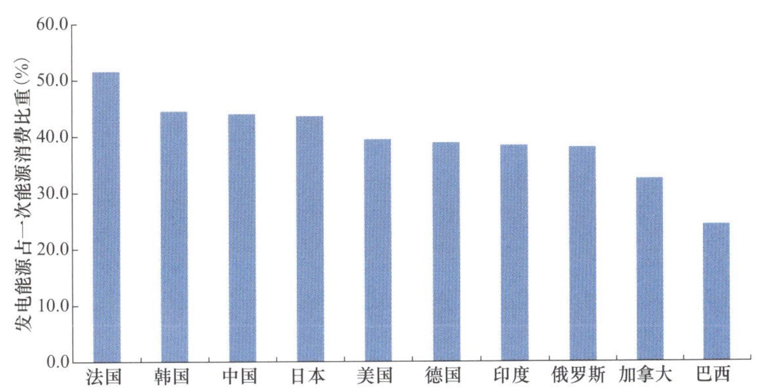

图 3-28　2017 年世界部分国家发电能源占一次能源消费比重

3.3.4　电能占终端能源消费比重

电能占终端能源消费的比重是衡量一个国家终端能源消费结构和电气化程度的重要指标。

2017 年，世界电能占终端能源消费比重为 18.9%，同比提高 0.2 个百分点。其中非 OECD 国家电能占终端能源消费比重同比提高 0.3 个百分点，OECD 国家电能占终端能源消费比重与 2016 年持平。2017 年，中东、非洲电能占终端能源消费比重分别为15.3%、9.3%，较世界平均水平分别低3.5、9.5个百分点。2017年主要国家电能占终端能源消费的比重变化如图3-29所示。

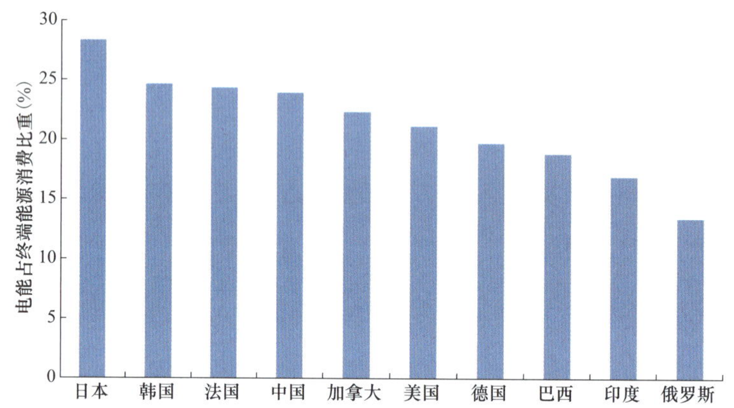

图3-29　2017年世界主要国家电能占终端能源消费比重

注：终端能源消费中计入了非商品能源。

发达国家电力在终端能源消费结构中比重较高。发达国家电力在终端能源消费中的比重一般在20%以上，其中日本最高，达到28.3%，韩国、法国分别达到24.6%、24.3%。发展中国家电能占终端能源消费比重相对较低，巴西、印度、俄罗斯分别为18.8%、16.9%、13.4%。

中国电能占终端能源消费的比重增长最快。2017年，中国在发展中国家中电能占终端能源消费比重较高，为23.9%，高于世界平均水平5个百分点，已与部分发达国家水平接近。2007—2017年的十年间，中国经济快速增长，工业化、城镇化进程加速推进，带动电力消费增长高于能源消费增长幅度，电能占终端能源消费比重提高了约6.9个百分点，明显高于其他国家。

4

国内外能源电力发展展望

4.1 能源发展展望

4.1.1 一次能源需求展望

中长期世界一次能源需求年均增速约 1.0%～1.2%。2040 年世界一次能源需求将达到 251 亿～270 亿 tce 左右。IEA《世界能源展望 2018》认为，2040 年世界一次能源需求将达到 253.1 亿 tce，年均增长 1.0%。EIA 预测认为，2040 年世界一次能源需求总量将达到 264.9 亿 tce，年均增长 1.0%，增速预测与 IEA 一致。IEEJ 预测 2040 年世界一次能源需求总量将达到 260.0 亿 tce，年均增长 1.2%。各大机构的预测见表 4-1。

表 4-1　世界一次能源需求预测　亿 tce

来源	预测基准	2025 年	2030 年	2040 年	2050 年	年均增速（—2040 年）
IEA	195.8（2016 年）	219.8	231.0	253.1	—	1.0%
EIA	207.2（2015 年）	228.4	238.6	264.9	292.7	1.0%
IEEJ	197.1（2016 年）	—	237.1	260.0	275.7	1.2%
BP	193.0（2017 年）	218.1	229.9	255.2		1.2%

根据国网能源研究院最新预测结果，在自主减排情景[1]下，2030 年世界一次能源需求将达到 227 亿 tce，2040 年将达到 247 亿 tce，2050 年将达到 260 亿 tce。预测结果与 IEA 等机构基本一致，年均增速 1.0%。

从世界一次能源需求构成看，煤炭和石油的比重继续降低，天然气和非化石能源的比重提高。根据相关机构预测，2040 年煤炭占比 20%～24%，石油占

[1] 自主减排情景模拟的是在当前的能效提升速度与减排政策力度不变的情况下，2050 年全球能源发展将去往何处。主要考虑有：展望期内能源消费强度持续下降，分部门终端能源需求增长分化；分品种终端能源结构加快调整，电气化进程加速推进；发展中国家冶炼、焦化、炼油、发电等加工转换效率向发达国家水平靠近；弃煤、减煤、弃核等能源政策切实落地，风电、太阳能发电等新能源成为电力供应主体，传统生物质能大量退出；各国设定的温室气体减排与能源清洁转型目标均能实现，且后续减排与转型力度有增无减。

比 27%～31%，天然气占比 25%～26%。化石能源总体所占比例有所下降，其中天然气比例上升，煤炭和石油比例下降。核电和水电比重分别占 5%～6%和 3%～7%，生物质能发电所占比例维持在 10%左右，风能、太阳能、地热能等其他可再生能源发电的预测值有所提高，2040 年占比将超过 6%。各研究机构对世界一次能源需求结构预测见表 4－2。

表 4－2　　世界一次能源需求结构占比预测　　%

品种	预测基准			
	IEA（2016 年）	EIA（2015 年）	IEEJ（2016 年）	BP（2017 年）
煤炭	27.1	27.5	27	27.6
石油	31.8	33.1	32	33.6
天然气	22.0	22.4	22	23.4
核电	5.0	4.5	4.9	4.4
水电	2.5		2.5	6.8
生物质能	9.8	12.5	9.8	4.2
其他可再生能源	1.6		1.7	
品种	**预测值**			
	IEA（2040 年）	**EIA（2040 年）**	**IEEJ（2040 年）**	**BP（2040 年）**
煤炭	21.5	21.8	24	20.3
石油	27.6	30.7	29.8	27.2
天然气	25.0	25.0	25.5	25.8
核电	5.5	5.1	4.7	4.3
水电	3.0		2.6	7.0
生物质能	10.4	17.4	9.0	15.4
其他可再生能源	6.9		4.4	

从不同国家和地区来看，发达国家一次能源需求基本保持不变，发展中国家和新兴经济体国家年均增速 1.4%～1.8%。2017—2040 年，发达国家一次能源需求增速约为－0.2%～0.4%；发展中国家和新兴经济体年均增速约为 1.4%～1.8%。IEA 预计 2017—2040 年中国一次能源需求将新增 12.6 亿 tce，年均增长 1.0%。部分国家和地区一次能源需求预测见表 4－3。

表 4-3　　部分国家和地区一次能源需求预测　　亿 tce

国家（地区）	预测基准			
	IEA（2016 年）	EIA（2015 年）	IEEJ（2016 年）	BP（2017 年）
OECD	75.3	86.4	75.0	77.0
非 OECD	114.9	120.8	115.9	90.9
美国	30.9	35.1	31.0	31.9
日本	6.1	7.1	6.1	—
欧盟	28.1	—	22.8	24.1
俄罗斯	10.1	10.9	—	10.0
中国	**42.5**	**47.9**	**42.3**	**44.7**
印度	12.3	10.2	12.3	10.8
国家（地区）	预测值			
	IEA（2040 年）	EIA（2040 年）	IEEJ（2040 年）	BP（2040 年）
OECD	72.5	94.3	73.0	81.7
非 OECD	171.5	170.9	177.9	173.5
美国	30.7	36.6	29.6	31.8
日本	5.4	6.8	5.6	—
欧盟	25.0	—	20.1	21.1
俄罗斯	11.0	10.9	—	10.7
中国	**55.1**	**62.1**	**55.9**	**57.4**
印度	26.9	21.9	27.8	27.5

4.1.2　终端能源消费展望

世界终端能源消费增速预测值略有提升。各主要机构均认为，2040 年以前世界终端能源消费量将持续增长。IEA《世界能源展望 2018》认为，2040 年世界终端能源消费量将达到 179.7 亿 tce，年均增长 1.1%。IEEJ 预测显示，2040 年世界终端能源消费总量将达到 177.8 亿 tce，年均增长 1.1%。各研究机构对世界终端能源消费量的预测见表 4-4。

表 4-4 世界终端能源消费量预测 亿 tce

来源	预测基准	2025 年	2030 年	2040 年	2050 年	年均增速
IEA	136.1（2016 年）	155.3	163.9	179.7	—	1.1%
IEEJ	136.5（2016 年）	—	162.2	177.8	189.7	1.1%

根据国网能源研究院最新预测结果，在自主减排情景下，2030 年世界终端能源消费量将达到 165 亿 tce，2040 年将达到 179 亿 tce，2050 年将达到 188 亿 tce。

从终端能源消费结构来看，煤炭、石油占比下降，天然气和电力占比持续提高。根据各机构预测结果，2040 年煤炭在终端能源消费中的比重将下降约 2～3 个百分点；石油仍然是最重要的终端能源，占比仍将超过三分之一；电能在终端能源消费中的比重将会明显提高，从 18%左右上升到 23.5%以上。各研究机构对世界终端能源消费结构预测见表 4-5。

表 4-5 世界终端能源消费结构占比预测 %

品种	预测基准		预测值	
	IEA（2016 年）	IEEJ（2016 年）	IEA（2040 年）	IEEJ（2040 年）
煤炭	10.9	11	8.1	8.4
石油	40.7	41	36.1	39.2
天然气	15.2	15	18.3	16.1
电力	18.8	19	23.7	24.0
热力	3.0	3.0	2.4	2.4
生物质能	11.0	11	10.2	9.9
其他可再生能源	0.5		1.3	

从不同国家和地区来看，发展中国家终端能源需求增速仍远高于发达国家。OECD 国家 2016—2040 年均增长率为约-0.1%。非 OECD 国家终端能源需求仍呈增长趋势，2016—2040 年年均增速 1.7%～1.8%。不同机构对世界主要国家终端能源消费预测见表 4-6。

表 4-6　世界主要国家终端能源消费预测　亿 tce

国家（地区）	预测基准		预测值	
	IEA（2016 年）	IEEJ（2016 年）	IEA（2040 年）	IEEJ（2040 年）
OECD	52.4	52.2	51.7	51.3
非 OECD	78.1	78.6	119.0	117.9
美国	21.6	21.6	22.3	21.1
日本	4.2	4.2	3.4	3.7
欧盟	16.3	16.3	13.8	15.4
俄罗斯	6.4	—	7.2	—
中国	**28.3**	**28.1**	**37.5**	**36.0**
印度	8.2	8.2	19.0	18.4

4.2 电力发展展望

4.2.1 电力需求展望

2040 年世界电力需求总量将达到 34.7 万亿 kW·h，电力需求增速高于能源需求增速。IEA 预计，2016—2040 年世界电力需求年均增速约 2.1%，高于能源需求年均 1.0%的增速。其中，OECD 国家电力需求年均增速约 0.7%，非 OECD 国家约为 3.0%。2040 年世界电力需求总量预计达到 34.7 万亿 kW·h。

根据国网能源研究院最新预测结果，在自主减排情景下，2030 年世界电力需求总量将达到 36.0 万亿 kW·h，2040 年将达到 46.7 万亿 kW·h，2050 年将达到 57.8 万亿 kW·h。

2040 年世界主要国家和地区电力需求预测值略有下降。IEA 预计，2040 年美国电力需求将达到 4.25 万亿 kW·h 左右，年均增速 0.56%；2040 年中国电力需求将达到 9.83 万亿 kW·h 左右，年均增速 2.53%。世界主要国家和地区电力需求预测见表 4-7。

表 4-7 世界主要国家和地区电力需求预测 万亿 kW•h

国家（地区）	2016 年	2020 年	2030 年	2040 年	年均增速
北美	4.55	4.74	4.89	5.30	0.7%
中南美	1.04	1.30	1.46	1.86	2.39%
欧洲	3.47	3.75	3.89	4.24	0.79%
非洲	0.64	0.88	1.08	1.67	4.07%
中东	0.87	1.07	1.29	1.78	3.06%
欧亚大陆	0.93	1.06	1.15	1.33	1.57%
亚太	9.34	12.86	14.80	18.53	2.79%
东南亚	0.84	1.22	1.48	2.07	3.79%
美国	3.81	3.89	3.99	4.25	0.56%
欧盟	2.78	2.92	2.97	3.15	0.45%
日本	0.97	0.98	0.98	1.00	0.03%
俄罗斯	0.74	0.83	0.89	1.00	1.31%
中国	**5.22**	**7.29**	**8.27**	**9.83**	**2.53%**
印度	1.11	1.92	2.47	3.67	4.93%
巴西	0.49	0.59	0.66	0.83	2.26%

4.2.2 发电量展望

2040 年世界发电量约 40.4 万亿 kW•h。IEA 预测，2040 年世界发电量约 40.4 万亿 kW•h，年均增速为 2.0%。EIA 调低了对全球发电量增速的预测，认为 2015—2040 年年均增速预测为 1.5%。各研究机构对 2040 年世界发电量预测见表 4-8。

表 4-8 世界发电量预测 万亿 kW•h

来源	基准年	2025 年	2030 年	2040 年	年均增速（%）
IEA	24.9（2016 年）	30.3	33.5	40.4	2.0
EIA	23.43（2015 年）	25.36	29.36	34.05	1.5
IEEJ	23.97（2016 年）	—	34.47	40.91	2.3

根据国网能源研究院最新预测结果，在自主减排情景下，2030 年世界发电量将达到 32.6 万亿 kW·h，2040 年将达到 43.2 万亿 kW·h，2050 年将达到 57.0 万亿 kW·h。

从世界主要国家和地区来看，发电量的增长主要来自非 OECD 国家。2040 年，非 OECD 国家发电量及其增长速度均明显高于 OECD 国家。非 OECD 国家的发电量约为 OECD 国家的 1.5～2.2 倍，OECD 国家发电量的年均增长率约 0.6%～1.0%，但各机构均调低对非 OECD 国家发电量年均增速的预测值，认为年均增长率约 1.8%～2.8%，中国和印度发电量增速较快，年均增长率分别为 1.6%～2.3%和 2.9%～4.6%。2040 年世界主要国家和地区发电量预测见表 4-9。

表 4-9　　世界主要国家和地区发电量预测

国家（地区）	基准年		预测值［2040 年，实物量（增速）］（万亿 kW·h，%）	
	IEA（2016 年）	EIA（2015 年）	IEA	EIA
OECD 国家	10.9	10.41	12.6（0.6）	13.19（1.0）
非 OECD 国家	14.0	13.02	27.8（2.8）	20.86（1.8）
美国	4.3	4.10	4.7（0.5）	5.10（0.8）
日本	1.1	1.00	1.1（0）	1.07（0.2）
欧盟	3.2	—	3.5（0.3）	—
俄罗斯	1.1	0.96	1.3（0.9）	1.09（0.3）
中国	**6.2**	**5.89**	**11.2（2.3）**	**9.11（1.6）**
印度	1.5	1.24	4.6（4.6）	2.73（2.9）

非水可再生能源发电量占比大幅提高，煤电发电量占比大幅降低。根据各机构预测，2040 年燃煤发电和天然气发电仍是最主要的发电来源，占比超过一半，非水可再生能源发电量占比从 7%左右提高大幅到 14%以上。各研究机构对 2040 年世界发电量结构预测见表 4-10。

表 4 - 10　　世界发电量结构预测　　%

<table>
<tr><th rowspan="2">品种</th><th colspan="2">基准年</th><th colspan="2">预测值</th></tr>
<tr><th>IEA（2016 年）</th><th>EIA（2015 年）</th><th>IEA（2040 年）</th><th>EIA（2040 年）</th></tr>
<tr><td>燃煤发电</td><td>38.4</td><td>40.18</td><td>25.6</td><td>30.51</td></tr>
<tr><td>燃油发电</td><td>3.7</td><td>3.90</td><td>1.3</td><td>1.56</td></tr>
<tr><td>天然气发电</td><td>23.2</td><td>22.22</td><td>22.4</td><td>25.76</td></tr>
<tr><td>核电</td><td>10.4</td><td>10.71</td><td>9.2</td><td>10.74</td></tr>
<tr><td>水电</td><td>16.2</td><td>16.43</td><td>15.3</td><td>16.68</td></tr>
<tr><td>风电</td><td>3.8</td><td>3.17</td><td>11.6</td><td>7.41</td></tr>
<tr><td>太阳能发电</td><td>1.4</td><td>0.95</td><td>10.0</td><td>4.08</td></tr>
<tr><td>生物质发电</td><td>2.3</td><td rowspan="2">2.43</td><td>3.5</td><td rowspan="2">3.26</td></tr>
<tr><td>其他</td><td>0.3</td><td>1.0</td></tr>
</table>

4.2.3 发电装机展望

2040 年世界发电装机将超过 100 亿 kW。根据 IEA 预测，2040 年全球发电装机容量将达到 124.66 亿 kW，年均增速 2.6%。EIA 预测值较保守，2040 年发电装机约 88.19 亿 kW，2015—2040 年均增速 1.2%。各研究机构对 2040 年世界发电装机预测见表 4 - 11。

表 4 - 11　　世界发电装机预测　　百万 kW

来源	预测基准	2025 年	2030 年	2040 年
IEA	6690（2016 年）	8845	10 073	12 466
EIA	6383（2015 年）	7282	7969	8819

根据国网能源研究院最新预测结果，在自主减排情景下，2030 年世界发电装机将达到 132 亿 kW，2040 年将达到 185 亿 kW，2050 年将达到 240 亿 kW。

非 OECD 国家发电装机规模和年均增速明显超过 OECD 国家。2040 年，非 OECD 国家装机规模将超过 80 亿 kW，是 OECD 国家的 2 倍以上。2017—2040 年，非 OECD 国家装机的年均增长率约为 3.5%，而 OECD 国家仅为 1.2%。日本、俄罗斯、美国和欧盟发电装机增速较慢，在−0.1%～0.8%左右；中国、印度的装机增速在3.0%以上。对2040年世界主要国家和地区发电装机预测见表4-12。

表4-12　　世界主要国家和地区发电装机预测　　亿kW

国家（地区）	预测基准（2016年）	预测值（2040年）	年均增速（%）
世界	**66.90**	**124.66**	**2.6**
OECD	31.21	40.70	1.2
非OECD	36.27	83.96	3.5
美国	11.69	14.24	0.8
日本	3.25	3.29	-0.1
欧盟	10.24	13.20	1.0
俄罗斯	2.59	3.04	0.7
中国	**16.28**	**35.98**	**3.2**
印度	3.53	14.20	5.9

从世界发电装机结构来看，可再生能源发电装机，尤其是风电和太阳能发电将成为电源结构调整的主力。根据IEA预测，2040年燃煤发电、天然气发电装机占比分别为18%和22%，油电装机占比从6.7%下降到2%，非水可再生能源发电装机占比将明显提高，其中，风电和光伏发电装机比重将分别提高约6.7个和15.9个百分点，对光伏发电的比重预测明显提高。对2040年世界发电装机结构预测见表4-13。

表4-13　　世界发电装机结构预测　　%

类　别	预测基准（2016年）	预测值（2040年）
燃煤发电	30.3	18.0
燃油发电	6.7	2.0
天然气发电	24.6	22.0
核电	6.2	4.2
水电	18.6	14.8

续表

类　别	预测基准（2016年）	预测值（2040年）
风电	7.0	13.7
生物质发电	1.9	2.2
地热发电	0.2	0.4
光伏发电	4.5	20.4
光热发电	0.1	0.5
海洋能发电	0.0	0.2

4.3 能源电力投资展望

世界能源投资需求持续增加，能效投资占比增大。根据IEA的预测，2018—2040年，世界能源累计投资需求将高达60万亿美元（按2017年美元计算），2018—2025年均投资2.2万亿美元，之后年均投资2.8万亿美元。能效投资占比越来越大，可再生能源投资在2025年开始下降，主要是由于成本下降。2018—2040年全球能源投资预测见表4-14。

表4-14　　2018—2040年全球能源投资预测　　亿美元（2017年可比价）

项目	2010—2017年	2018—2025年	2026—2040年
	年均	年均	年均
化石燃料	11 710	9670	10 810
可再生能源	2930	3310	3800
电网	2640	3130	3870
其他	200	610	620
供应	17 490	16 720	19 090
燃料占比	58%	52%	53%
电力占比	42%	48%	47%
能效	2360	3970	6660

续表

项目	2010—2017年	2018—2025年	2026—2040年
	年均	年均	年均
其他终端使用	1240	1480	2460
终端使用	3600	5450	9120
合计	21 090	22 160	28 210
2018—2040年累计	600 420		

注 表内数据按美元2017年可比价计算。
数据来源：IEA，World Energy Outlook（WEO）2018。

根据IEA预计，**2018—2040年全球电力累计投资需求将达到19.97万亿美元**（按2017年美元可比价计算）。其中，电源投资需求约占58%，电网投资需求约占42%。亚太地区电力投资需求最大，占全球总投资需求的51.3%。对2018—2040年世界电力投资需求预测见表4-15。

表4-15　2018—2040年世界电力投资需求预测　亿美元（2017年可比价）

地区	电源	电网	合计
世界合计	116 625	83 077	199 702
北美洲	15 160	9180	24 335
中南美洲	5470	4650	10 122
欧洲	20 590	11 380	31 966
非洲	7400	7670	15 068
中东地区	5310	3080	8388
欧亚大陆	4833	2598	7431
亚太地区	57 870	44 521	102 392

数据来源：IEA，World Energy Outlook，2018。

5

专题研究之一：改革开放 40 年我国能源电力转型发展——再回首·再思考·再出发

改革开放 40 年来我国能源电力发生了天翻地覆的变化，国家能源局今年也开展了电力发展 40 年历程回顾展，结合之前几年能源转型专题，本专题选取我国能源电力 40 年的发展变化情况进行分析与评价。

5.1 我国能源发展 40 年回顾

从 1978—2018 年改革开放的 40 年，我国经济社会各项事业硕果累累。我国能源生产及消费规模、能源结构发生了巨大变化，特别是可再生能源、新能源的发展取得了世界瞩目的成就。

从能源生产总量看，2018 年我国煤炭生产总量 36.83 亿 t，居世界第一，石油总产量达到 1.89 亿 t，天然气产量 1615 亿 m^3。1978 年我国煤炭生产总量 6.18 亿 t，石油总产量达到 1.04 亿 t，天然气产量 138 亿 m^3。40 年来煤炭生产总量、石油总产量、天然气总产量分别增加了 5 倍、0.87 倍、10.7 倍。

从能源消费总量看，1978 年，我国能源消费总量仅为 5.7 亿 tce，2018 年则达到 46.8 亿 tce，比 1978 年增长了 7.2 倍。一次电力产量 7.1 万亿 kW•h，增长 26.3 倍。2000 年以来我国能源消费随工业化、城镇化进程进入快速增长阶段，能源消费呈高速增长态势，能源消费对我国经济增长发挥了强有力支撑作用。

从能源消费结构看，2018 年我国原煤、原油、天然气、核电、水电、非水可再生能源发电分别占一次能源总消费量的 58.3%、19.6%、7.4%、2.0%、8.3%、4.4%，1978 年我国能源消费构成只有原煤、原油、天然气、水电，分别占一次能源总消费量的 71.2%、23.3%、3.0%、2.5%，40 年来我国煤炭、石油占比分别下降了 12.9、3.7 个百分点，清洁能源比重上升 16.7 个百分点。

40 年来我国可再生能源发展先后经历了从无到有，从落后到赶超跨越式发展。特别是 2006 年《中华人民共和国可再生能源法》正式实施以来，我国新能源发展迅猛，已成为世界风电、光伏发电开发利用第一大国。截至 2018 年底，我国新能源发电累计装机容量3.6亿kW，占全国总装机容量的比重达到19%；发电量6342亿kW·h。其中，风电累计装机18 426万kW，居世界第一，发电量3660亿kW·h；太阳能发电累计装机17 463万kW，居世界第一，发电量1775亿kW·h。新能源已成为中国能源领域最耀眼的亮点。

5.2 我国能源转型评价指标和方法

5.2.1 评价指标体系

能源转型是应对气候变化、保障能源安全的战略选择。以下从一次能源消费、终端能源消费、能源与电力的相互关系、能源利用效率、碳排放等方面选取五个关键指标，对我国能源转型成效进行量化评价。能源转型指数评价指标体系如图5-1所示。

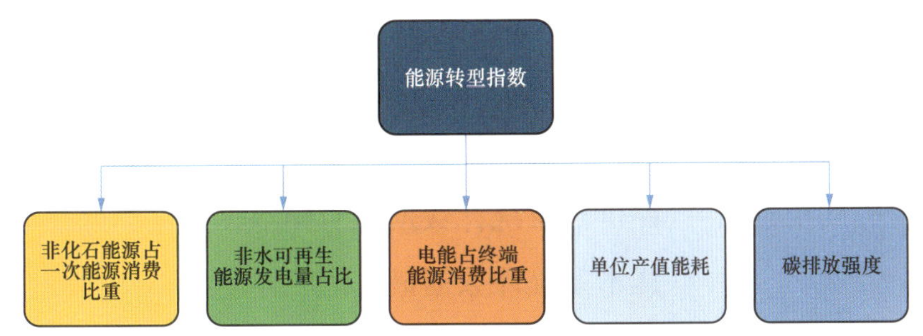

图5-1 能源转型指数评价指标

非化石能源占一次能源消费比重：该指标体现了一次能源消费结构从传统化石能源向非化石能源转变的程度，是评价一个国家或地区能源清洁利用、低碳发展的重要指标。

非水可再生能源发电量占比：该指标体现了发电结构从常规火电、水电、核电向新兴可再生能源发电转型的程度，是评价一个国家或地区风能、太阳能等非水可再生能源利用水平的重要指标。

电能占终端能源消费比重： 该指标体现了电能替代煤炭、石油、天然气等其他能源的程度，是衡量一个国家或地区终端能源消费结构和电气化程度的重要指标。

单位产值能耗： 该指标是反映能源消费水平和节能降耗状况的主要指标，体现了一个国家经济活动对能源的利用程度，反映经济结构和能源利用效率的变化。

碳排放强度： 该指标是反映能源环境的关键指标，体现了一个国家能源电力发展对环境的影响，是衡量能源电力发展产生的环境影响的重要指标。

5.2.2 评价标准及方法

（一）评价标准

采用基于样本集的综合指数评价方法，将评价对象样本集统计数据值的最大值和最小值（称为“区间标杆”）作为评价指标值的上下限，并通过无量纲化和归一化处理，将各关键指标的发展水平表述为介于 0 与 1 之间的一个数值，即关键指标的指数值。

非化石能源占一次能源消费比重、非水可再生能源发电量占比、电能占终端能源消费比重的计算公式为：

关键指标的指数值=(评价对象统计数据值－样本集统计数据最小值）/（样本集统计数据最大值－样本集统计数据最小值）

单位产值能耗、碳排放强度计算公式为：

关键指标的指数值=(样本集统计数据最大值－评价对象统计数据值）/（样本集统计数据最大值－样本集统计数据最小值）

课题组根据自主开发的国际能源电力统计分析平台中积累的统计数据和 2019 年 BP 统计数据为基础，选取我国 1978－2018 年 40 年数据作为评价对象样本集。

（二）评价方法

对能源转型指数的四个关键指标采用网络层次分析法确定权重，采用基于扇形雷达图的评价方法进行定量计算。

根据前述能源转型指数评价指标体系，可以看出不同类别的指标间具有相关性。考虑到这一特点，本课题采用网络层次分析方法确定各指标的权重，分析不同评价指标间的网络层次关系，在此基础上构建评价指标的 ANP 网络层次结构图，如图 5-2 所示。

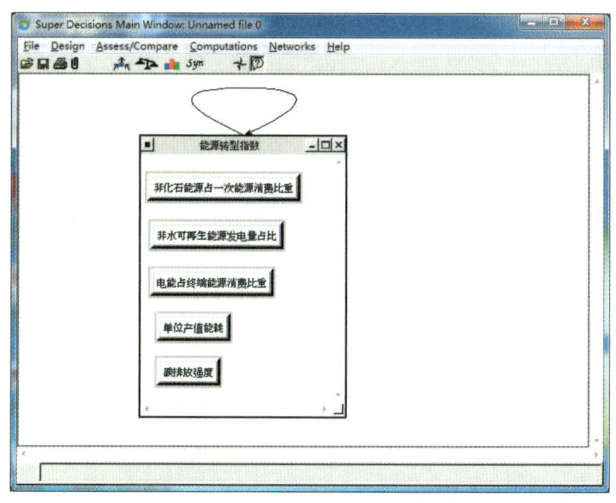

图 5-2 评价指标的网络层次结构图

在 Super Decision 软件中专家采用九分法对各指标的重要性进行判定。Super Decision 软件中提供的二级评价指标的两两判断矩阵打分界面及一致性检验结果，如图 5-3 所示。

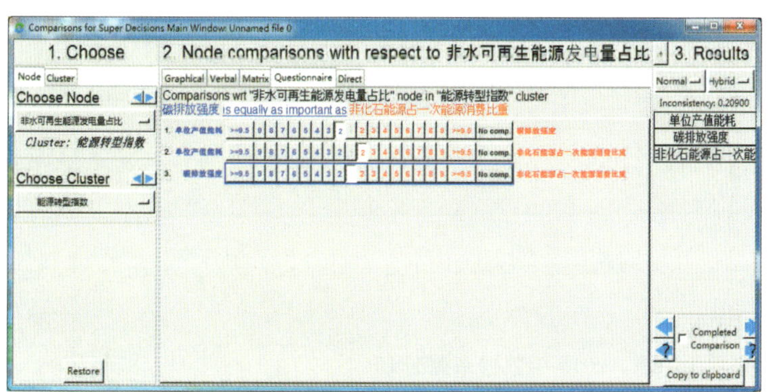

图 5-3 两两判断矩阵打分和一致性判断界面

将各评价指标间的判断矩阵进行一致性检验，输出评价指标的超级矩阵、极限超矩阵和各评价指标的极限和权重，见表 5-1。

表 5-1　各项评价指标的权重

目标层	指标层	权重
能源转型指数（ETI）	非化石能源占一次能源消费比重	0.21
	非水可再生能源发电量占比	0.21
	电能占终端能源消费比重	0.19
	单位产值能耗	0.19
	碳排放强度	0.20

5.3　改革开放 40 年我国能源转型评价结果分析

能源转型是一个持续推进的过程，课题组选取了 1978、1990、2000、2005、2010、2015、2016、2017、2018 年数据能源转型对比，指标值见表 5-2。

表 5-2　我国能源转型各指标值

指标	非化石能源占一次能源消费比重❶	可再生能源发电量占比❷	非水可再生能源发电量占比❸	电能占终端能源消费比重❹	单位产值能耗（tce/千美元）❺	碳排放强度（kg/美元）❻
1978 年	2.47%	17.00%	0.00%	3.73%	2.511	4.1
1990 年	4.19%	19.00%	0.01%	5.94%	2.044	2.27
2000 年	5.43%	16.00%	0.23%	11.41%	1.204	1.31
2005 年	5.74%	16.00%	0.29%	13.98%	0.877	1.45
2010 年	7.77%	18.00%	1.67%	18.24%	0.656	1.24
2015 年	11.79%	24.00%	4.87%	21.42%	0.469	1
2016 年	12.83%	25.00%	5.88%	22.60%	0.437	0.93
2017 年	13.74%	25.00%	7.46%	23.90%	0.421	0.89
2018 年	14.73%	25.83%	8.92%	25.50%	0.405	0.542

❶ 数据来源于 BP。
❷ 其他年份来源于 IEA，2018 年数据来源于 BP。
❸ 数据来源于 BP。
❹ 其他年份数据来源于 IEA，2018 年数据来源于电力规划设计总院《中国能源发展报告 2018》。
❺ 其他年份数据来源于 IEA，2018 年数据来源于国网能源研究院预测。
❻ 其他年份数据来源于 IEA，2018 年数据来源于国网能源研究院预测。

非化石能源占一次能源消费比重方面，1978年我国一次能源消费总量只有5.7亿tce，化石能源占比高达97.5%，其中煤炭占比71.2%，石油占比23.3%，天然气占比3.0%，也反映了我国“富煤、贫油、少气”的资源禀赋。2018年我国一次能源消费总量达到46.8tce，化石能源消费比重下降到85.3%，其中煤炭占比58.2%，石油占比19.6%，天然气占比7.4%。40年来，我国一次能源消费规模增长了7.2倍；非化石能源比重2.47%上升到14.73%，上升了12.26个百分点，2020年15%目标完成在即；煤炭在能源消费比重大幅下降，下降了13个百分点，石油占比略有下降，天然气占比略有上升，低碳是我国能源转型重要方向。

可再生能源发电量占比方面，我国可再生能源发展起初主要是由水电主导，1978年可再生能源发电量占比17%，到2018年占比已达到25.83%，其中水电∶非水可再生能源发电为1.9∶1。**非水可再生能源发电量占比方面**，我国从1990年开始有了非水可再生能源发电，发电量仅有1亿kW·h，占比0.011%，在2008年占比也仅有0.8%，之后10年经历了大发展，到2018年占比已达到8.92%，10年时间上升了8.12个百分点，但目前比重还比较偏低，德国非水可再生能源发电量占比已达32.2%。总体来说，可再生能源有力支撑了我国能源转型。

电能占终端能源消费比重方面，我国电能占终端能源消费比重从1978年的3.73%上升到2018年的25.50%，提高了21.77个百分点，进步非常显著。世界上电能占终端能源消费比重最高是日本，2018年比值达28.29%。电能是清洁、高效、便捷的二次能源，终端利用效率高，达90%以上，再电气化是我国能源生产消费革命的必然趋势。

单位产值能耗方面，我国单位产值能耗（以标准煤计）从1978年的2.511t/千美元下降到2018年0.42t/千美元，下降比例83.3%，有力支撑了我国经济新旧动能转换和高质量发展。但相比发达国家，我国能耗水平仍然偏高，是美国的2.4倍、日本的4.4倍，去产能、调结构仍是我国今后一项长期艰巨任务。

碳排放强度方面，我国碳排放强度从 1978 年的 4.1kg/美元下降到 2018 年 0.85kg/美元，下降比例 79.3%。这些年我国积极参与全球气候变化治理进程，坚决实施积极应对气候变化的国家战略、优化能源结构、提高能效等一系列措施，使得温室气体排放得到较好的控制。但是，相比发达国家我国单位产值碳排放仍然偏高，美国是 0.35kg/美元，日本是 0.26kg/美元。

经计算，我国改革开放 40 年能源转型指数对比如图 5-4 所示，能源转型指数从 1978 年的 0.098 提高到 2018 年的 0.915。40 年来中国能源转型成效显著，能源生产消费总量居世界第一，非化石能源消费占一次能源消费比重、非水可再生能源发电量占比和电能占终端能源消费比重大幅提升，单位产值能耗、碳排放强度大幅下降，是能源转型成效最显著的国家之一。同时，我国产业结构不尽合理，且受资源禀赋所限，能源消费结构仍以煤炭为主，能源转型面临巨大挑战。此外，近年来虽然风电、光伏发电高速增长，但由于网源协调发展考虑不足，出现了弃风、弃光的问题。加快能源结构调整步伐，持续降低煤炭消费比重，提高风电等非水可再生能源利用水平，从追求规模扩张转变为提高发展质量，已成为我国能源转型的重要着力点。

图 5-4 我国改革开放 40 年能源转型指数对比

6

专题研究之二： 分布式能源及对能源市场格局影响

6.1 分布式能源发展概况

分布式能源是一种布置在用户侧的能源开发和利用方式，具有就地利用、清洁低碳、多元互动、灵活高效等特征，是现代能源系统不可或缺的重要组成部分。国际上德国、美国、日本等发达国家都大力发展分布式能源推动能源转型。美国市场研究机构 Navigant Research 预测未来 10 年全球分布式电源增长速度将是集中式电站的 9 倍，到 2030 年全球一半的电量供应将由分布式发电提供。我国也大力推动分布式能源发展，2016 年 12 月国家发改委发布的《能源生产和消费革命战略（2016—2030）》提出“坚持集中式和分布式开发并举，以分布式利用为主，推动可再生能源高比例发展”。当前我国分布式能源发展呈如下特点：

（1）分布式能源已从启动阶段转入快速发展阶段，发展模式也从单一模式向综合模式过渡。严格意义上来看，我国分布式能源是在 2000 年以后开始发展的，以冷热电三联供为主要利用形式，但由于受天然气供应不足和价格偏高等因素制约，前期发展缓慢。近年来，在国家相关政策和规划的推动下，分布式能源不断提速。2018 年我国分布式光伏发电新增装机 2044 万 kW，占全部太阳能发电新增装机的 45%。截至 2018 年底，分布式光伏发电累计装机容量 5010 万 kW，同比增长 69%。自 2015 年以来，国家先后批复了 23 个多能互补集成优化示范工程、28 个新能源微电网示范项目、55 个“互联网+”智慧能源等系列试点共 108 个试点示范项目，集成成为分布式能源发展新特点。

（2）分布式能源正与市场化改革深入融合、相互促进，已成为一些利益主体进入配售电领域的重要突破口。2017 年 10 月国家发展改革委，国家能源局发布了《关于开展分布式发电市场化交易试点的通知》，2018 年 3 月国家发展改革委、国家能源局发布了《增量配电业务配电区域划分实施办法（试行）》，2019 年 1 月国家发展改革委、国家能源局发布了《关于进一步推进增量配电业务改革的通知》。在电力体制改革的不断推进下，增量配电改革投资方可通过建设分布式电源，形成区域发配售一体化模式。分布式电源除采用全部上网、自发自用余电上网等传统运营模式外，还可选择分布式电源市场化交易模式、分布式+增量配电等新型运营模式。分布式能源虽然当前在能源生产占比较小，2018 年底国家电网公司经营区分布式电源累计装机占总装机 4.0%，但已成为一些利益主体进入配售电领域的重要突破口。

(3) 围绕分布式能源系统发展涌现出一批综合能源服务公司，商业模式丰富多样。传统分布式能源系统一般集成已有的各种分布式供能系统，该种分布式能源系统中各组成部分基本相互独立，由不同单位和部门独立规划、建设、运行和管理，涉及电力公司、供热公司、燃气公司等，由于各为其政，缺乏统一协调，较难实现整体的优化运行管理。随着分布式能源系统的快速发展，市场中涌现出一大批综合能源服务公司，业务覆盖面广。在能源生产方面，包括各种分布式能源的设计、安装和运行；在供能网络方面，包括电、气、热等各种网络的设计、安装和运营；在系统互联方面，包括与上游网络和下游用户之间的互联集成；在运行管理方面，基于大数据等先进技术对各种能源的统一运行管理。

(4) 分布式能源未来在我国能源生产中将承担更加重要角色，有效提高资源利用效率，缓解环境气候问题。近年来，中国分布式电源，尤其是分布式光伏发电快速发展，2018 年中国新增装机容量中分布式光伏发电和集中式光伏电站比例约 1∶1.2。据预测[1]，2020 年和 2030 年我国分布式电源发展规模约为 1.6 亿～1.9 亿 kW 和 3.5 亿～5.7 亿 kW，占全国电源装机容量的比例在 7.7%～9.3%之间和在 11.5%～19.1%之间。其中，分布式光伏和分散式风电发展前景最好，2020 年分别约占 46%和 5%，2030 年约占 53%和 13%；生物质发电、小水电和资源综合利用项目将保持缓慢平稳增长；分布式天然气发电

[1] 根据国网能源研究院自主研发软件配电网协同优化运营软件预测结果。

发展不确定性较大，取决于天然气供需形势和设备制造业发展情况。总之，分布式电源将是大机组大电网的有益补充。

6.2 分布式能源广泛接入对能源市场影响

分布式能源广泛接入下，电力系统单向竖井架构逐步向分布、清洁、互联、数字化、移动的泛在电力物联网转变（见图 6-1）；能源市场商业模式与技术支撑都将发生重大变革。

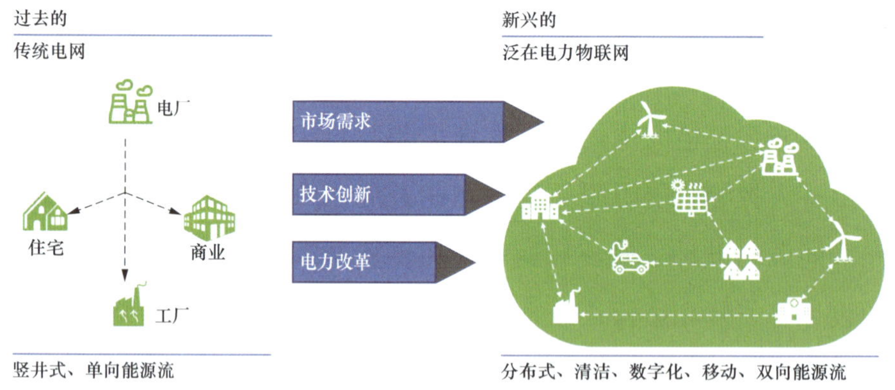

图 6-1 电力系统变革

从市场开拓方向来看，配用环节正成为新价值高地，预计 2030 年市场份额占整个产业链比重将达 2/3。大量分布式能源接入配网，比如分布式电源、用户侧储能等，分担了部分集中式电源的电力负荷，同时配网投资也需要同步加大。此外，随着数字化技术发展和客户需求多样化，萌生大量客户端能源和非能源的产品和服务，客户端市场大大拓展。据预测❶ 2030 年全球客户端能源市场价值潜力 1.3 万亿美元，配用端市场份额占电力系统发输配用全产业价值链比重达 2/3。

从客户需求来看，客户需求由安全、便宜的电力供应向绿色、灵活、个性

❶ 来源于 Navigant Research 报告 ENERGY CLOUD 4.0。

化、可持续的综合能源服务转变，综合能源服务市场潜力巨大。用户在选择电力供应商时不仅考虑供电安全和价格，还更多关注能源产品绿色、便捷、交互体验等，服务属性放大。能源电力行业的市场额不再仅仅是能源产品销售获得的收入，而且包括附着在能源产品销售之上能源服务的变现。

从市场竞争主体来看，大量新市场主体涌入，能源市场更加开放，主体角色更加多元。大量小型分布式能源接入后引入众多新主体，比如分布式电源业主（投资商）、分布式能源运营商、综合能源服务商、聚合商、硬件使能企业、平台服务商等。同时，主体角色更加多元，比如产一消者在“隔墙售电”允许后演变为产一销者，单一服务提供商正向综合能源服务转变，技术服务商向聚合商转变。

从业务经营来看，业务领域纵向上下游延伸，横向多能源一多服务。在电改驱动下分布式电源业主有机会成为发售一体化企业或发配售一体化企业。分布式电源运营模式可采用全部上网，自发自用、余电上网，市场化交易，微电网和增量配电，虚拟电厂市场交易多种运营模式。另外，在当前低碳、绿色能源转型形势下，将冷、热、电统一打包给客户，并在此基础上提供多样化增值服务，成为众多能源企业转型升级方向。

从技术支撑来看，数字化成为能源服务供给的重要支撑。分布式能源之间互联、分布式能源与电网的互动、市场主体资源共享都需要数字化技术支撑，数字化承载着数据流，是价值创造的重要来源。另外，区块链、人工智能、边缘计算等也是重要支撑技术。

6.3 分布式能源广泛接入后能源市场业务前景

能源市场中企业的商业模式多是作为资产投资运营者、服务提供商、技术创新者、平台商四种基本角色的一种或多种。平台商可以扮演一种或多种角色，拥有更多盈利渠道，相比单一产品或服务商更有利可图。四种商业模式收益对比见表 6 - 1[1]。

表 6 - 1　　四种商业模式收益对比

商业模式	规模乘数	利润率
资产投资运营者	×1.5	29.5%
服务提供商	×2.5	47.1%
技术创新者	×4.7	61.6%
平台商	×5.8	69.5%

结合市场需求及未来发展趋势，围绕分布式能源可开展业务包括分布式能源综合服务、分布式能源交易、交通电气化服务、智慧城市能源服务、建筑电气化服务等。各企业可以根据自身优劣势确定业务发展方向及角色，几种分布式能源服务平台及发展前景如下。

（1）分布式能源综合服务平台。大量分布式发电资源数字化互联后可创造更多新产品和服务，光伏发电、风电等分布式发电资源具有间隙特点，需要大电网作为备用。以电网为基础，构建分布式能源综合服务平台，充分融合分布式能源技术、信息通信技术、大数据分析技术等，提供分布式能源综合管理、实时监测与智能运维、征信、金融产品撮合等创新产品和服务。未来 20～30 年分布式能源综合管理平台市场潜力可达 3 万亿～4 万亿美元。

（2）分布式能源在线交易平台。传统能源交易都是通过批发和零售方式，随着分布式等发电资源加入，能源点对点交易将逐渐成为常态。区块链技术将使能源交易点对点交易变为现实，目前国外已有多个区块链交易项目实施中。预计 2030 年能源交易有将有数十亿的软件和技术投资，单是虚拟电厂能源交易软件收益就可达到 50 亿美元。构建分布式能源在线交易平台，提供计量缴费、分布式发电市场化交易、虚拟电场市场交易等服务。

（3）交通电气化服务平台。中国、英国、法国、印度纷纷宣布未来停止汽油和柴油车销售，未来交通领域电力需求将出现大幅增长。随着数字化技术发

[1] 来源于 Navigant Research 报告 Innovating New Distributed Generation Business Models。

展，未来汽车将逐渐走向自动化、电气化、互联、共享，预计20年后共享电动汽车占比将达到21%。构建交通电气化服务平台，可基于智能基础设施和高级数据分析技术等协调管理多种分布式发电资源、充电桩和电动车辆，优化能源消费、降低用户电力消费成本。

（4）智慧城市能源服务平台。当前城市仅占全球陆地2%面积，但GDP占比达80%，能源消耗和排放占2/3，世界各国都提出建设智慧城市战略目标，我国也不例外。智慧城市以智能电网、可再生能源大规模使用、弹性能源系统等为基础，电网结构不再是中心化的输配竖井模式，而是以客户为中心的网络型结构。预计2030前将有2500亿智慧城市能源投资，能源消耗向清洁、分布式发电方向转变，在智慧路面照明、电动汽车、建筑物电气化等领域服务将会扩大。构建智慧城市能源服务平台，将智慧城市的交通厂商、建筑所有者、通信企业、技术支撑商、冷热等能源提供商等在平台对接，提供多样化产品或服务，服务智慧城市建设。

（5）建筑电气化服务平台。电网企业目前业务分界点在计量表，随着客户服务多样化，表后客户服务市场具有广阔前景。构建建筑物电气化服务平台，通过部署的高级计量装置，可集成数字化技术、自动控制技术、高级数据分析技术、分布式发电技术等，实现建筑物集成控制和自动化。基于电价、天气、能源需求等信息，可向响应设备发生自动化控制信号，比如降低峰值能源消费、供能系统故障后通过重启分布式能源提高供能可靠性、提高客户用能便捷性等。未来5年全球表后的居民和工商业建筑能源投资将达到500亿美元，其中软件投资占一半以上。

附录1 缩略语及名词解释

EU：欧洲联盟。由欧洲共同体（又称欧洲共同市场，简称欧共体）发展而来的，是一个集政治实体和经济实体于一身、在世界上具有重要影响的区域一体化组织。现有成员国28个，包括法国、德国、意大利、荷兰、比利时、卢森堡、丹麦、爱尔兰、英国、希腊、西班牙、葡萄牙、奥地利、芬兰、瑞典、塞浦路斯、捷克、爱沙尼亚、匈牙利、拉脱维亚、立陶宛、马耳他、波兰、斯洛伐克、斯洛文尼亚、保加利亚、罗马尼亚、克罗地亚（2013年7月1日加入）。

OECD：经济合作与发展组织。成立于1961年，总部设在巴黎，由市场经济国家组成的政府间国际经济组织，旨在共同应对全球化带来的经济、社会和政府治理等方面的挑战，并把握全球化带来的机遇。目前成员国总数34个，包括澳大利亚、奥地利、比利时、加拿大、捷克、丹麦、芬兰、法国、德国、希腊、匈牙利、冰岛、爱尔兰、意大利、日本、韩国、卢森堡、墨西哥、荷兰、新西兰、挪威、波兰、葡萄牙、斯洛伐克、西班牙、瑞典、瑞士、土耳其、英国、美国、智利、爱沙尼亚、以色列、斯洛文尼亚。

IEA：国际能源署。总部设于法国巴黎的政府间组织，由经济合作发展组织为因应能源危机于1974年11月设立。国际能源署致力于预防石油供给的异动，同时也提供国际石油市场及其他能源领域的统计情报。现有成员国29个，包括澳大利亚、奥地利、比利时、加拿大、捷克、丹麦、爱沙尼亚、芬兰、法国、德国、希腊、匈牙利、爱尔兰、意大利、日本、韩国、卢森堡、荷兰、新西兰、挪威、波兰、葡萄牙、斯洛伐克、西班牙、瑞典、瑞士、土耳其、英国、美国。

OPEC：石油输出国组织。成立于1960年9月14日，1962年11月6日欧佩克在联合国秘书处备案，成为正式的国际组织。其宗旨是协调和统一成员国的石油政策，维护各自的和共同的利益。现有成员国 11 个，包括沙特阿拉伯、伊拉克、伊朗、科威特、阿联酋、卡塔尔、利比亚、尼日利亚、阿尔及利亚、印度尼西亚、委内瑞拉。

IAEA：国际原子能机构。一个同联合国建立关系，并由世界各国政府在原子能领域进行科学技术合作的机构，总部设在奥地利的维也纳。任何国家不论是否为联合国的会员国或联合国专门机构的成员国，经机构理事会推荐并由大会批准入会后，交存对机构《规约》的接受书，即可成为该机构的成员国。现有成员国 153 个。

IMF：国际货币基金组织。根据 1944 年 7 月在布雷顿森林会议签订的《国际货币基金协定》，于 1945 年 12 月 27 日在华盛顿成立，总部设在华盛顿。IMF 与世界银行并列为世界两大金融机构，其职责是监察货币汇率和各国贸易情况，提供技术和资金协助，确保全球金融制度运作正常。

WB：世界银行。世界银行是世界银行集团的俗称，是联合国系统下的多边发展机构，包括国际复兴开发银行（IBRD）和国际开发协会（IDA）等五个机构。WB 不是一个常规意义上的银行，而是一个以减少贫困和支持发展为使命的独特的合作伙伴机构，成立于 1944 年，总部设在美国华盛顿特区。

WEC：世界能源理事会。成立于 1924 年，原名世界动力会议，1968 年改名为世界能源会议，1990 年更名为世界能源理事会。总部设在英国伦敦。现有 91 个国家和地区委员会。

EIA：美国能源信息管理局。成立于 1977 年，隶属美国能源部，总部设在华盛顿特区，是美国国会设立的能源统计机构。

IEEJ：日本能源经济研究所。成立于 1966 年 6 月，旨在从国际经济整体角度针对能源领域开展研究活动，通过客观分析能源问题，为政策制定从基础数据、信息和报告等方面提供依据。1984 年 10 月，能源数据和模型中心（EDMC）作为 IEEJ 的附属机构成立，承担了能源数据库的开发，各种能源模型的建立和能源经济性分析。1999 年 6 月，EDMC 并入 IEEJ 作为其下属的一个部门。

附录2　主要国家能源与电力数据

附表 2-1　　世界主要国家人口　　万人

排序	国家	2010年	2012年	2014年	2015年	2016年	2017年	2018年
1	**中国**	**134 091**	**135 404**	**136 782**	**137 462**	**138 271**	**138 398**	**139 538**
2	印度	119 052	122 719	125 970	129 234	130 935	133 918	133 422
3	美国	30 973	31 415	31 905	32 108	32 330	32 552	32 735
4	巴西	19 495	19 653	20 277	20 447	20 610	20 929	20 849
5	俄罗斯	14 290	14 300	14 370	14 346	14 344	14 423	14 680
6	日本	12 805	12 761	12 706	12 698	12 690	12 664	12 649
7	德国	8175	8052	8110	8169	8273	8240	8290
8	英国	6226	6371	6451	6511	6557	6597	6643
9	法国	6277	6338	6392	6434	6461	6714	6472
10	意大利	5919	5939	5996	6080	6067	6060	6048

资料来源：IMF，World Economic Outlook Database. October 2019。

附表 2-2　　世界GDP排名前十国　　亿美元，（按汇率计算）现价

排名	国家	2017年	2018年
1	美国	193 906	204 941
2	**中国**	**122 377**	**134 074**
3	日本	48 721	49 719
4	德国	36 774	40 004
5	英国	26 224	28 286
6	法国	25 825	27 753
7	印度	25 975	27 167
8	意大利	19 348	20 722
9	巴西	20 555	18 682
10	加拿大	16 530	17 114

资料来源：IMF，World Economic Outlook Database. April 2018。

附表 2-3　　世界一次能源消费前十国　　亿 tce

排序	国家	2015 年	2016 年	2017 年	2018 年
1	**中国**	**43.06**	**43.61**	**44.75**	**46.76**
2	美国	32.58	32.47	31.93	32.87
3	印度	10.01	10.34	10.77	11.56
4	俄罗斯	9.53	9.63	9.98	10.30
5	日本	6.41	6.36	6.52	6.49
6	加拿大	4.71	4.71	4.98	4.92
7	德国	4.58	4.61	4.79	4.63
8	韩国	3.96	4.09	4.23	4.30
9	巴西	4.18	4.25	4.21	4.25
10	伊朗	3.56	3.67	3.89	4.08

资料来源：BP，BP World Energy Statistical Review 2019。

附表 2-4　　世界能源生产国前十名（2018 年）

煤炭		石油		天然气	
国家	亿 t	国家	亿 t	国家	10^8 m^3
中国	**36.83**	美国	6.69	美国	8318
印度	7.65	沙特阿拉伯	5.78	俄罗斯	6695
美国	6.85	俄罗斯	5.63	伊朗	2395
印度尼西亚	5.49	加拿大	2.55	卡塔尔	1812
澳大利亚	4.85	伊拉克	2.26	加拿大	1847
俄罗斯	4.41	伊朗	2.20	卡塔尔	1755
南非	2.53	**中国**	**1.89**	**中国**	**1615**
德国	1.69	阿联酋	1.78	澳大利亚	1301
波兰	1.22	科威特	1.47	挪威	1206
哈萨克斯坦	1.18	巴西	1.40	沙特阿拉伯	1121

资料来源：BP，BP World Energy Statistical Review 2019。

附表 2 - 5　　世界主要国家单位产值能耗　　toe/千美元，2010 年不变价

排序	国家	单位产值能耗	
		2016 年	**2017 年**
1	俄罗斯	0.450	0.623
2	印度	0.350	0.479
3	**中国**	**0.304**	**0.421**
4	韩国	0.216	0.300
5	加拿大	0.153	0.220
6	巴西	0.128	0.181
7	美国	0.127	0.177
8	法国	0.087	0.123
9	德国	0.082	0.114
10	日本	0.070	0.100

资料来源：IEA，World Energy Balances 2019。

附表 2 - 6　　世界主要国家装机容量　　万 kW

排序	国家	装机容量	
		2016 年	**2017 年**
1	**中国**	**165 051**	**177 708**
2	美国	108 685	110 033
3	印度	34 792	39 743
4	日本	33 564	33 443
5	俄罗斯	26 929	26 922
6	德国	20 850	21 551
7	巴西	15 796	15 769
8	加拿大	14 402	14 763
9	法国	13 079	13 310
10	韩国	11 120	12 295

资料来源：IEA，Electricity Information 2019；中国数据来源于中国电力企业联合会；印度、俄罗斯、巴西来源于 GlobalData。

附表 2-7 世界主要国家电力消费量 亿 kW·h

排序	国家	电力消费量	
		2016 年	2017 年
1	**中国**	**59 747**	**64 179**
2	美国	38 077	40 986
3	印度	11 100	12 687
4	日本	9578	10 277
5	俄罗斯	7447	9784
6	德国	5174	5743
7	韩国	5040	5481
8	巴西	4911	5277
9	加拿大	4883	5215
10	法国	4410	4834

资料来源：IEA，Electricity Information 2018；中国数据来自中国电力企业联合会。

附表 2-8 世界主要国家人均装机容量及人均用电量（2017 年）

排序	国家	人均装机容量(kW)	排序	国家	人均用电量(kW·h)
1	加拿大	4.02	1	加拿大	14 273
2	美国	3.38	2	美国	12 573
3	日本	2.64	3	日本	8111
4	德国	2.61	4	法国	7209
5	法国	1.99	5	德国	6947
6	俄罗斯	1.89	6	俄罗斯	6771
7	意大利	1.59	7	意大利	5202
8	**中国**	**1.27**	**8**	**中国**	**4555**
9	巴西	0.82	9	巴西	2521
10	印度	0.35	10	印度	947

资料来源：IEA 统计数据。

参 考 文 献

[1] IEA. Energy Balances of World 2019 [R]. Paris, 2019.

[2] IEA. Energy Statistics of World 2019 [R]. Paris, 2019.

[3] IEA. Electricity Information 2019 [R]. Paris, 2019.

[4] IEA. Energy Prices and Taxes 2019 [R]. Paris, 2019.

[5] IEA. CO_2 Emissions from fuel combustion 2018 [R]. Paris, 2018.

[6] IEA. Key World Energy Statistics 2019 [R]. Paris, 2019.

[7] IEA. World Energy Outlook 2019 [R]. Paris, 2019.

[8] EIA. International Energy Outlook 2019 [R]. USA, 2019.

[9] IEA. Monthly oil, Gas and Electricity Survey Archives [R]. Paris, 2019.

[10] BP. BP Statistical Review of World Energy 2019 [R]. London, June, 2019.

[11] EIA. Annual Energy Review 2019 [R]. USA.

[12] ENTSO-E. Statistical Factsheet 2018 [R]. Brussels, Belgium, June, 2019.

[13] SAPP. Annual Report 2018 [R]. Southern African, 2019.

[14] WEC. 2019 - World Energy Issues Monitor - full Report [R]. London, United Kingdom, January, 2019.

[15] Global Trends in Renewable Energy Invest ment 2018 [R]. UNEP&BNEF, 2019.

[16] 刘振亚. 中国电力与能源. 北京：中国电力出版社，2012.

[17] 中国电力企业联合会. 2017 年电力工业统计资料汇编 [R]. 北京，2017.

[18] 中国电力企业联合会. 中国电力行业年度发展报告 2019 [M]. 北京：中国建材工业出版社，2019.

[19] 国家统计局能源统计司. 中国能源统计年鉴 2018 [M]. 北京：中国统计出版社，2018.

[20] 本书编撰委员会. 世界大型电网发展百年回眸与展望 [M]. 北京：中国电力出版

社，2017.

［21］国网能源研究院有限公司．国内外能源与电力发展状况分析报告（2018）［M］．北京：中国电力出版社，2018.

［22］刘朝全，姜学峰．2018 年国内外油气行业发展报告［M］．北京：石油工业出版社，2018.

［23］国家统计局．2018 中国统计摘要［M］．北京：中国统计出版社，2018.

［24］国家电网有限公司．国家电网有限公司 2018 社会责任报告［R］．北京，2019.